O BRINCAR NA CLÍNICA PSICANALÍTICA DE CRIANÇAS COM AUTISMO

Blucher

O BRINCAR NA CLÍNICA PSICANALÍTICA DE CRIANÇAS COM AUTISMO

Talita Arruda Tavares

O brincar na clínica psicanalítica de crianças com autismo
© 2019 Talita Arruda Tavares
Editora Edgard Blücher Ltda.

Imagem da capa: istockphoto

SÉRIE PSICANÁLISE CONTEMPORÂNEA
Coordenador da série Flávio Ferraz
Publisher Edgard Blücher
Editor Eduardo Blücher
Coordenação editorial Bonie Santos
Produção editorial Isabel Silva, Luana Negraes e Mariana Correia Santos
Preparação de texto Cátia de Almeida
Diagramação Negrito Produção Editorial
Revisão de texto Marise Leal
Capa Leandro Cunha

Blucher

Rua Pedroso Alvarenga, 1245, 4º andar
04531-934 – São Paulo – SP – Brasil
Tel.: 55 11 3078-5366
contato@blucher.com.br
www.blucher.com.br

Segundo o Novo Acordo Ortográfico, conforme
5. ed. do *Vocabulário Ortográfico da Língua Portuguesa*, Academia Brasileira de Letras, março de 2009.

É proibida a reprodução total ou parcial por quaisquer meios sem autorização escrita da editora.

Todos os direitos reservados pela Editora Edgard Blücher Ltda.

Dados Internacionais de Catalogação na Publicação (CIP)
Angélica Ilacqua CRB-8/7057

Tavares, Talita Arruda
  O brincar na clínica psicanalítica de crianças com autismo / Talita Arruda Tavares. – São Paulo : Blucher, 2019.
  144 p. (Série Psicanálise Contemporânea / Flávio Ferraz, coord.)

Bibliografia
ISBN 978-85-212-1453-3 (impresso)
ISBN 978-85-212-1454-0 (e-book)

1. Psicanálise infantil 2. Crianças autistas 3. Brincadeiras – Psicologia infantil I. Título.

19-0419   CDD 150.195

Índice para catálogo sistemático:
1. Psicanálise

*A João, Antônio, Davi, Gabriel, Felipe, Vitor
e a todos que me ensinaram sobre o autismo.*

A Victor Guerra (in memoriam)

Conteúdo

Agradecimentos	9
Prefácio	11
Apresentação	15
A constituição subjetiva e o brincar	21
Considerações sobre a técnica na clínica psicanalítica de crianças com autismo	79
A clínica do autismo: o brincar como via para a constituição subjetiva	99
Considerações finais	133
Referências	137

Agradecimentos

Fazer os agradecimentos é aceitar que um filho nasceu e foi para o mundo. Enquanto esse filho mora em nós, pode ser tudo o que queremos que seja. Quando não cabe mais na casa que o abriga, precisa ganhar o mundo e seguir o próprio caminho.

Agradeço a Audrey Setton Lopes de Souza, sempre muito atenta e sensível às minhas dificuldades, fazendo-se presente de forma delicada e respeitosa.

A Adela Stoppel de Gueller e Luciana Pires pela enriquecedora discussão.

Às professoras e colegas do Departamento de Psicanálise de Crianças do Instituto Sedes Sapientiae, que me ensinaram muito e me fizeram perceber a pertinência desse trabalho.

A Luciana Lafraia, pelo apoio sempre presente.

Aos meus pais, Paulo e Cristina, aos meus irmãos, Caio e Tatiana, ao meu avô, Arruda, e à minha madrinha Célia, por serem meu abrigo e minha força, mesmo a distância.

Às pequenas Helena, Alice, Joana e Maria, por não me deixarem esquecer o eterno recomeço e a força da vida.

Por último, agradeço ao meu companheiro de vida, Wilson Franco, pelos cuidados, pelo carinho, pelo apoio, por me fazer acreditar em mim mesma e pela força necessária para me fazer caminhar.

Prefácio

Passados dois anos da defesa de sua dissertação e inspirada pelo convite de escrever este prefácio, debruço-me novamente sobre seu texto; um novo olhar; agora descolada do lugar de orientadora, o que me permite fruir de outra forma o prazer desta leitura e recomendá-la vivamente ao leitor interessado por crianças, por psicanálise e pela clínica do autismo.

Interessante perspectiva de, ao descolar-se, poder encontrar o prazer e a fruição, principalmente se pensarmos que o brincar instala-se quando a criança começa a poder separar-se de seus objetos ao, na segurança de uma relação estabelecida com a mãe, descobrir o prazer de brincar.

A clínica com crianças autistas coloca-nos sempre nesta encruzilhada: por que ela não brinca? Por que não quer saber de ninguém? Como instalar uma relação na qual seja estabelecida alguma comunicação? O que existe por detrás da aparente aridez e estereotipia?

Apresentar ao leitor uma possibilidade de um novo olhar sobre essa clínica, demonstrando como, mesmo onde não parece existir lugar para um brincar compartilhado, é possível encontrar brechas que permitam que alguma atividade brincante se estabeleça, é uma das qualidades deste livro.

A autora nos ajuda a entender essa difícil tarefa de encontrar possibilidades de trabalho psicanalítico com essas crianças cujas "fronteiras psicanalíticas são levadas a seus limites", na medida em que o brincar, ferramenta primordial para o contato com a criança, parece ainda não ter se instalado.

Para dar conta dessa tarefa, o texto oferece ao leitor uma compressão mais ampla e aprofundada sobre o brincar e seu papel na constituição do sujeito. Se Melanie Klein, ao dar um sentido às inibições no brincar, abriu o caminho para a utilização do brincar como técnica na análise com crianças, a autora nos apresenta as concepções de Donald Winnicott, Ricardo Rodulfo e Victor Guerra, que realçam a função desse brincar como elemento constitutivo do psiquismo. Atividade principal da criança, o brincar, visto sob essas perspectivas, leva-nos a redimensionar a importância da atividade e a compreender como essa experiência lúdica deve ser levada a sério, podendo pensar como as inibições do brincar são sintomas importantes a serem considerados (tanto na criança como nos adultos).

Seguindo as propostas de Rodulfo e Guerra, Tavares nos ajuda a compreender como as manifestações do brincar já estariam presentes desde os primeiros tempos do desenvolvimento e as funções primordiais dessa atividade.

Com base nas ideias de Victor Guerra – de que seria no contato com a mãe que se estabeleceriam as matrizes do desenvolvimento do brincar, desde seu contato sensível até o ritmo do bebê, permitindo criar esse espaço intersubjetivo de trocas afetivas –, Tavares se aproxima dessas crianças aprisionadas em suas estereotipias e ritmos autocentrados, respeitando seu ritmo, mas introduzindo pequenas interrupções, que permitem a emergência de um espaço para o novo e pequenas aberturas para o espaço intersubjetivo com a analista. Seu trabalho aponta para a importância da sensibilidade clínica e da disponibilidade lúdica do analista, visando encontrar uma brecha nas estereotipias e auxiliar essas crianças.

Nesse caminho, a autora nos apresenta o papel do conceito de objeto tutor introduzido por Guerra. Tais objetos favoreceriam a criação de um espaço entre o bebê e a mãe, que dá à criança a possibilidade de interessar-se por algo diferente dela, podendo estabelecer contato e comunicação sem, necessariamente, estar atravessado pelo contato corporal, dando continuidade ao processo de constituição subjetiva do bebê.

Este texto defende a ideia de que a função dos objetos tutores é de extrema importância para o trabalho analítico de crianças com autismo, cuja fragilidade psíquica as impede de entrar em contato com a alteridade sentida como ameaçadora. Tavares nos mostra, com a riqueza de seus exemplos clínicos, como a presença empática do analista pode favorecer a criação compartilhada de objetos tutores, permitindo a expansão psíquica.

O cuidado e a profundidade com que esses conceitos são apresentados permitem ao leitor acompanhar os relatos clínicos apresentados e pensar sobre eles com base nessa nova perspectiva. A riqueza e a sensibilidade da clínica apresentada introduzem novas esperanças para o trabalho psicanalítico com crianças com graves problemas de desenvolvimento.

Os leitores deste livro vão sair modificados após esta experiência que, novamente, recomendo.

Audrey Setton Lopes de Souza
Professora do Instituto de Psicologia da USP (IPUSP)

Apresentação

O interesse pela clínica psicanalítica de crianças e pelas questões do autismo começou ainda durante minha graduação em psicologia. Nesse período de formação, tive oportunidade de compor a equipe clínica do Lugar de Vida como estagiária e pude me aproximar das crianças atendidas e da abordagem psicanalítica que norteava o trabalho institucional. Encantei-me pela clínica do autismo, tão enigmática quanto surpreendente, e, quando concluí a faculdade, procurei outras instituições em que pudesse seguir atendendo essa população.

Comecei a trabalhar em uma instituição que atendia crianças com autismo, mas não seguia a abordagem psicanalítica. Bastante receosa e insegura com as escolhas que fazia naquele tempo, aceitei passar por um treinamento para conhecer essa metodologia de atendimento, baseada em princípios do neurodesenvolvimento. A técnica é chamada TED, abreviação de seu nome em francês que pode ser traduzido como terapia de troca e desenvolvimento. Por meio da TED, conheci um modelo de prática clínica muito diferente da abordagem psicanalítica.

Os atendimentos com TED aconteciam numa sala praticamente vazia: havia apenas uma mesa, duas cadeiras e uma caixa de brinquedos que deveria ficar ao meu alcance, não ao alcance da criança. Nesse ambiente propositadamente sem estímulos, a presença da terapeuta se colocava como o maior atrativo para a criança. Era eu quem deveria escolher a cada momento os objetos a serem apresentados à criança e, de preferência, a interação deveria acontecer ao redor da mesa e os objetos deveriam ser explorados sempre de forma compartilhada, evitando que a criança tivesse oportunidade de se isolar com ele. Todas as ações direcionadas aos brinquedos deveriam ter como fim o contato da criança comigo. Em meio a tudo isso, tinha de estar atenta aos interesses daquela criança, trocando mais rapidamente um brinquedo de que ela não gostava ou me demorando um pouco mais em outro brinquedo pelo qual demonstrasse maior interesse. Devia evitar objetos que intensificassem as estereotipias e interromper as ecolalias.

Compor o quadro de profissionais de uma instituição em que a abordagem psicanalítica não era, nem de perto, um *a priori* e, diga-se de passagem, muitas vezes criticada em sua eficácia terapêutica, impôs-me importantes questionamentos, incertezas e desafios que se tornaram a maior motivação para a pesquisa de mestrado. Durante os três anos e meio de trabalho naquela instituição, tive de me entender com a psicanalista que morava em mim; tive de questioná-la, provocá-la, desmenti-la...

Foi com grande incômodo que descobri que, por mais que eu tivesse muitas críticas a esse modo de conduzir o tratamento, a verdade era que as crianças iam apresentando importantes avanços; avanços mensurados por instrumentos de avaliação aplicados todo fim de semestre.

Assim, quanto mais me envolvia com o trabalho de atendimento nessa instituição, mais parecia me distanciar da psicanálise.

Porém, com o tempo, fui percebendo que na verdade eu tinha feito algumas "pequenas" adaptações à metodologia de tratamento e que meu jeito de conduzir os atendimentos não era, em absoluto, um modelo de como abordar a TED. Fui percebendo que, muitas vezes, deixava as crianças escolherem os brinquedos, que não me prendia às cadeiras nem à mesa para estar com elas, que não evitava levar para a sala um brinquedo que fazia as estereotipias se intensificarem, que, outras vezes, me empolgava nas brincadeiras e perdia de vista a sugestão de poucos movimentos do terapeuta dentro da sala. Até que me dei conta de que, mesmo respeitando e tentando seguir o modelo de atendimento institucional proposto, a psicanalista em mim escapava pelas brechas e se apresentava no contato com as crianças.

Fui tentando entender o que eu fazia entre as quatro paredes com as crianças. No meio dessa turbulência silenciosa, resolvi, como se fosse um fato isolado, que finalmente era hora de ingressar na formação de psicanálise de crianças do Instituto Sedes Sapientiae, com que sonhava havia anos. Com essa decisão, montava-se o cenário para o grande rebuliço: nessa formação, pude conhecer mais profundamente Sigmund Freud, Donald Winnicott, Melanie Klein; entrei em contato com as teorizações sobre o brincar mais primitivo, aquele que acompanha a constituição subjetiva; descobri Ricardo Rodulfo, como uma sugestão de leitura daquela que, na época, seria minha futura orientadora e, mais recentemente, fui apresentada a Victor Guerra.

Comecei a conhecer outro mundo dentro da psicanálise e das teorizações sobre o brincar em que conseguia me ver no contato com as crianças em atendimento. Isso me levou a perceber que a psicanálise se apresentava muito mais como uma posição ética e de cuidado na relação com os pacientes do que como uma abordagem entre outras possíveis para o tratamento do autismo. Um ano depois de minha passagem pelo Instituto Sedes Sapientiae, ingressei no mestrado no Instituto de Psicologia da Universidade de São Paulo (USP).

A pesquisa de mestrado se apresentou, sobretudo, como um exercício de recuperar o que acontecia nos atendimentos, estabelecendo relações entre o brincar, ou o não brincar, e a constituição subjetiva à luz da psicanálise. Percebi que, na verdade, nunca estive distante da psicanálise; e ter aprendido uma nova técnica de tratamento como a TED me fazia olhar para meus pacientes e para a psicanálise de uma maneira mais complexa e enriquecedora.

A pesquisa de mestrado deu origem a este livro, que está organizado em três capítulos. No primeiro, busco apresentar o brincar como elemento constitutivo da estruturação psíquica do bebê. Inicialmente, discuto as contribuições de Freud (2006 [1920]) com base em suas reflexões a respeito do jogo do *Fort/Da*. Em seguida, apresento as contribuições de Winnicott, Rodulfo e Guerra, autores que se dedicaram a aprofundar a íntima relação estabelecida entre o brincar e a constituição subjetiva, presente desde os primeiros momentos de vida do bebê.

No segundo capítulo, trato do auxílio que o estudo da relação mãe-bebê pode oferecer para a clínica do autismo, tendo em vista que no tratamento de crianças com autismo o analista ocupa a função materna estruturante. Inspirada por autores da psicanálise que se dedicaram à clínica do autismo, como Frances Tustin, Anne Alvarez, Marie-Christine Laznik, Luciana Pires, entre outros, procuro discutir as especificidades do brincar em crianças com autismo, considerando o papel dos objetos autísticos e os paradoxos presentes na estereotipia.

O terceiro capítulo apresenta as possibilidades de desenvolvimento do brincar na clínica de autismo, por meio da análise de algumas vinhetas de atendimentos de crianças. A apresentação e a discussão do material clínico foram organizadas em três grandes eixos teórico-clínicos: encontro analítico, estereotipias e objeto tutor (conceito formulado por Victor Guerra e apropriado, neste trabalho, como elemento que inaugura a possibilidade do brincar no encontro analítico na clínica do autismo). O eixo referente ao encontro analítico buscou discutir a importância da constância do *setting* para o atendimento de crianças com autismo. O eixo relacionado às estereotipias abordou a importância de intervenções analíticas que propiciam desdobramentos e continuidades em relação a movimentos inicialmente repetitivos e disfuncionais, introduzindo a dimensão do novo e da criatividade e trazendo a abertura para a presença do outro (analista) e do brincar compartilhado. O último eixo de discussão tratou de alguns caminhos que poderiam levar à criação do objeto tutor na clínica do autismo, seja por meio da transformação do objeto autístico, seja por propostas de continuidades para os movimentos estereotipados, levando em consideração a presença e a participação ativa do analista.

Antes, contudo, de iniciar, fazem-se necessários alguns últimos esclarecimentos. É importante dizer que parto do pressuposto de que o autismo constitui-se como um transtorno do desenvolvimento decorrente de causas multifatoriais, não podendo ser compreendido exclusivamente como uma doença de base orgânica nem de base psicogênica.

Tive oportunidade de conhecer muitas mães e muitos pais intensamente empenhados nos cuidados com seus filhos. Mães e pais que nem de longe poderiam ser confundidos com uma geladeira, no que diz respeito às suas emoções. Além disso, a culpabilização dos pais pelo autismo de seus filhos não contribui em nada para o tratamento, pelo contrário, traz mais dificuldades. Os pais, frequentemente, estão cansados e desautorizados a ocupar a função parental diante de um filho que não olha nem responde e que parece indiferente a eles. Precisam de atenção e cuidado tanto quanto o filho; devem ser reinvestidos em sua função de pais pelos profissionais, pois sustentam um lugar importante para o tratamento das crianças. Os pais precisam ser tomados como parceiros de tratamento, não como inimigos de quem as crianças precisariam ser libertadas. Definitivamente, não defendo que a compreensão estritamente psicogênica seja razoável, assim como não considero que o autismo seja causado por fatores orgânicos.

Desse modo, eu me aproximo da compreensão epigenética que defende que há, sim, fatores genéticos envolvidos na causa do autismo, mas que o ambiente no qual a criança vive é igualmente importante para a manifestação do autismo.

O segundo ponto de esclarecimento diz respeito ao fato de ter optado por me referir aos pacientes como crianças com autismo e não como crianças autistas. Quando prefiro dizer que a criança tem autismo em lugar de afirmar que é autista, reconheço que o autismo vem depois da criança e que não a define completamente. Assim, estou mais disposta a me deixar surpreender pelas conquistas subjetivas que essas crianças possam vir a ter no tratamento.

O terceiro esclarecimento que se faz necessário diz respeito ao material clínico retirado de atendimentos realizados por mim. É importante dizer que as vinhetas apresentadas neste livro ilustram momentos privilegiados dos atendimentos às crianças e, portanto, não correspondem ao cotidiano do tratamento. Os profissionais que atendem essa população sabem que, muitas vezes, precisamos esperar por longos períodos até que possamos comemorar algum movimento da criança – um olhar, um sorriso, uma conquista.

O último ponto refere-se ao fato de que os pacientes citados receberam nomes fictícios e a identidade da instituição foi preservada.

Feitos os esclarecimentos, podemos começar!

A constituição subjetiva e o brincar

– É chocolate branco da Bélgica – diz a avó à criança [...]
– É para comer – diz a voz. [...]
Faz uma careta de nojo e saliva de desejo. *Num sobressalto de coragem, agarra a novidade com os dentes, mastiga-a mas não é necessário, ela se desmancha na língua, recobre o palato, sua boca está cheia – e o milagre se dá.*
A volúpia sobe-lhe à cabeça, dilacera-lhe o cérebro e nele faz reverberar uma voz que jamais ouvira:
– Sou eu! Sou eu que estou vivendo! Sou eu que estou falando! Não sou "ele", eu sou eu! Não precisas mais dizer "ele" para falar de ti, deves dizer "eu". [...]
Foi então que eu nasci, aos dois anos e meio de idade [...], sob os olhos de minha avó paterna, pela graça do chocolate branco.

A metafísica dos tubos, Amélie Nothomb

O reconhecimento da importância do brincar como ferramenta para o processo psicanalítico com crianças é pressuposto indiscutível entre os analistas. É por meio do brincar que a criança pode se comunicar com o analista, expressando seus desejos, fantasias, medos e projeções. É também pelo brincar que a criança pode viver de forma ativa as situações do cotidiano que foram vividas passivamente, como Freud (2006 [1920]) mostrou por meio do jogo do *Fort/Da*.[1]

Se, por um lado, o reconhecimento da importância do brincar como forma de comunicação e elaboração psíquica estava presente desde o início da clínica psicanalítica com crianças, por outro, algumas transformações conceituais foram necessárias quando os analistas de crianças passaram a questionar a natureza inata do aparelho psíquico do bebê. Se a condição de sujeito passava a ser compreendida como um processo que acontecia ao longo dos primeiros anos da infância, ou seja, se os bebês não nasciam com o aparato psíquico pronto, então o inconsciente não estava dado desde o início e, consequentemente, o brincar não poderia ser tomado exclusivamente como expressão do inconsciente. Questionamentos desse tipo fizeram que os analistas tivessem de rever o lugar do brincar na clínica.

Assim, a clínica psicanalítica com crianças não parte do pressuposto de que do outro lado da brincadeira há um sujeito constituído. Tornar-se sujeito, constituir-se enquanto sujeito, é um processo que o analista testemunha na clínica de bebês e crianças por meio do brincar. Esse pano de fundo da análise com crianças torna necessária a identificação do momento de constituição subjetiva pelo qual passa cada paciente; só assim o analista pode

---

1 Vamos ter oportunidade de apresentar e discutir o jogo do *Fort/Da* mais adiante.

compreender a especificidade do trabalho terapêutico a ser desenvolvido com cada criança.[2]

Segundo Rodulfo:

> [...] *o conceito de brincar é o fio condutor que podemos tomar, para não nos perdermos na complexa problemática da constituição subjetiva. Partimos de uma descoberta: não há nenhuma atividade significativa do desenvolvimento da simbolização da criança que não passe vertebralmente por aquele [brincar]. Não é uma catarse, entre outras, não é uma atividade a mais, não é um divertimento, nem se limita a uma descarga fantasmática compensatória ou a uma atividade regulada pelas defesas, assim como tampouco pode-se reduzi-lo a uma formação do inconsciente: além destas parcialidades, não há nada significativo na estruturação de uma criança que não passe por ali, de modo que é o melhor fio para não se perder.* [...] *Não há nenhuma perturbação severa, perigosa ou significativa, na infân-*

---

[2] Silvia Bleichmar (2005) trata da diferença fundamental entre transtorno e sintoma na clínica psicanalítica de crianças. Para a autora, o transtorno aparece quando a criança ainda não conta com um aparelho psíquico constituído, ou seja, o inconsciente ainda não está separado das outras instâncias psíquicas (pré-consciente e consciente), porque o recalque originário ainda não aconteceu. Já o sintoma aparece em crianças cujo aparelho psíquico já sofreu a instalação do recalque originário e, por isso, elas apresentam a divisão entre as três instâncias psíquicas (inconsciente, pré-consciente e consciente). O transtorno diferencia-se do sintoma justamente porque não apresenta nenhum conteúdo recalcado a ser interpretado. O trabalho do analista diante do transtorno é ajudar a criança a estabelecer o recalque originário. Já as intervenções analíticas em relação ao sintoma são dirigidas a ajudar a criança a compreender suas motivações inconscientes para o estabelecimento daquele sintoma.

cia, que não se espelhe de alguma maneira no brincar. (1990, p. 91)

Esse novo cenário toma o brincar como fundamental para o processo de constituição subjetiva. Neste capítulo, acompanhamos esses entrelaçamentos entre o brincar e o processo de estruturação psíquica com base nas contribuições de Freud, Winnicott, Rodulfo e Guerra.

Sigmund Freud: O jogo do carretel e a constituição subjetiva

A teoria psicanalítica começa a aventurar-se pelo desenvolvimento infantil a partir do texto fundamental "Três ensaios sobre a teoria da sexualidade" (2006 [1905]), em que Freud aborda a polêmica tese de que as crianças já apresentavam manifestações sexuais, perversas (já que a sexualidade não se destinava a fins reprodutivos) e polimórficas (pois não se restringiam à relação sexual genital) (2006 [1905], p. 180). Nessa época, Freud começava a pensar sobre o desenvolvimento psicossexual das crianças, inaugurando um novo modo de concepção da constituição subjetiva.

As formulações sobre o desenvolvimento psicossexual da criança e, posteriormente, a publicação do caso clínico do Pequeno Hans (2006 [1909]) delinearam os primeiros contornos da clínica psicanalítica infantil,[3] estabelecendo uma relação possível, ainda que a distância, entre a psicanálise e o atendimento de crianças.[4]

---

[3] Mesmo que Freud (2006 [1898]) considerasse que o método psicanalítico não pudesse ser aplicado em crianças.
[4] Freud não atendeu diretamente o menino, mas supervisionou as intervenções de seu pai, que frequentava reuniões psicanalíticas e tentava ajudar o filho a superar a fobia de cavalos.

Além dessas produções, outros textos de Freud também foram importantes para a constituição dos pilares da práxis da clínica psicanalítica infantil. Em seu artigo intitulado "Escritores criativos e devaneios" (2006 [1908]), o autor apresenta o papel do brincar na vida infantil, abordando a seriedade com que o brincar era tratado pelas crianças e intensamente praticado por elas. Freud assinala a capacidade de discernimento da criança entre a brincadeira e o mundo real, mesmo considerando a intensidade das emoções investidas no brincar. Também naquele artigo encontra-se a ideia – fundamental para a obra de Winnicott – de que o brincar acompanha todo o crescimento da criança, sendo identificado, inclusive, na vida adulta em seus substitutos, como os processos criativos e as fantasias.

O artigo "Além do princípio do prazer" (2006 [1920]) é o mais famoso e debatido a abordar o brincar. Com o fim da Primeira Guerra Mundial (1914-1918), muitos sobreviventes de guerra voltaram aos seus lares, trazendo consigo vivências traumáticas, que passavam a ser revividas repetitivamente em sonhos. Esse fenômeno da repetição dos sonhos traumáticos contrariava o pressuposto psicanalítico da época de que todo sonho era realização de desejo (Freud, 2006 [1900]), fazendo Freud rever essa afirmação, já que certamente não haveria nenhum tipo de prazer nem realização de desejo envolvido na repetição daqueles sonhos.

No contexto desse questionamento, Freud percebeu certa semelhança entre a repetição dos sonhos traumáticos e um jogo de seu neto Ernest, mais tarde conhecido como jogo do *Fort/Da*. Essa brincadeira foi observada, quando Ernest estava com um ano e meio de idade; segundo Freud, a criança apresentava desenvolvimento dentro do esperado para sua idade e tinha estabelecido um bom vínculo afetivo com a mãe.

O jogo do *Fort/Da* apresentou dois momentos. No primeiro, Ernest brincava de jogar longe qualquer objeto, enquanto emitia um longo som "o-o-o-ó", demonstrando grande interesse e satisfação ao ver o objeto se afastar. O segundo momento do jogo foi incorporado à brincadeira algum tempo depois. Ernest, segurando o pedaço de cordão amarrado no seu carretel, arremessou-o longe e assistiu ao carretel desaparecer por entre as cortinas de sua cama, enquanto proferia o som "o-o-o-ó"; em seguida, trouxe o carretel de volta, puxando-o pelo cordão enquanto emitia o som "da". Freud e a mãe de Ernest concordaram que os sons "o-o-o-ó" e "da" referiam-se às expressões *fort* ("partir") e *da* ("ali está"), respectivamente. Assim, Freud chegou à conclusão de que o menino brincava de fazer os objetos partirem e voltarem e supôs que esse jogo devia estar relacionado à partida e à chegada da própria mãe.

No entanto, o que mais chamou a atenção de Freud foi o fato de que a primeira parte da brincadeira – a partida da mãe – havia sido encenada inúmeras vezes mais do que o jogo completo. Assim, a repetição na brincadeira de Ernest se assemelhava à repetição dos sonhos traumáticos, o que levou Freud a desconfiar da existência de outro mecanismo psíquico "mais primitivo, mais elementar e mais instintual" (2006 [1920], p. 34) do que o princípio do prazer, responsável pela repetição das situações desagradáveis. Concluiu que o aparelho mental, antes de agir sob o princípio do prazer, funcionava por via de outro princípio, que denominou princípio de dominância.

Pelo princípio de dominância, o estímulo causador do trauma psíquico deveria ser dominado pelo aparelho mental, antes de ser submetido ao princípio do prazer. Nessas situações traumáticas, o desprazer seria posto de lado, já que não haveria mais nada a fazer no sentido de evitar a sensação desagradável. Como os traumas psíquicos eram acontecimentos passados, tanto no caso dos neuróticos de guerra como no da partida da mãe de Ernest, restava ao aparelho mental dominar aquele estímulo de forma retrospectiva, ou seja, por meio da repetição compulsiva da situação traumática. Nas situações traumáticas, o estímulo incidia sobre o aparelho mental sem que este pudesse se proteger, causando uma ruptura traumática. Consequentemente, o aparelho mental tentava dar conta dessa ruptura realizando uma hipercatexia, com o intuito de que aquele estímulo traumático pudesse ser dominado pelo psiquismo e, assim, submetido, posteriormente, ao princípio de prazer.

O exercício de dominação do estímulo traumático se expressa por meio da repetição dos sonhos traumáticos e da brincadeira do *Fort/Da*, e com base nesses dispositivos a ansiedade pode ser produzida e sentida pelo ego como uma forma de preparação do aparelho mental para enfrentar, retrospectivamente, a situação desagradável. Dessa maneira, a compulsão à repetição configura-se como a tentativa de dar conta do trauma sofrido, evitando que o estímulo seja recebido novamente de surpresa, desfazendo o susto sentido na ocasião – susto responsável pelo trauma psíquico.

Contudo, Freud assinala uma distinção importante entre a compulsão à repetição observada nas brincadeiras e a compulsão à repetição dos sonhos traumáticos: nas brincadeiras, o princípio de prazer não se ausenta por completo, podendo aparecer mesmo que submetido ao princípio de dominância. Segundo Freud, "no caso da brincadeira das crianças [...] a compulsão à repetição e a satisfação instintual que é imediatamente agradável parecem convergir em associação íntima" (2006 [1920], p. 33). Isso esclarece por que as crianças gostam de brincar de encenar situações desagradáveis pelas quais passaram no mundo real, transformando o que foi vivido de maneira passiva numa situação em que estão no domínio da experiência desagradável.

> Pode-se também observar que a natureza desagradável de uma experiência nem sempre a torna inapropriada para a brincadeira. Se o médico examina a garganta de uma criança ou faz nela alguma pequena intervenção, podemos estar inteiramente certos de que essas assustadoras experiências serão tema da próxima brincadeira: contudo, não devemos, quanto a isso, desprezar o fato de existir uma produção de prazer provinda de outra fonte. Quando a criança passa da passividade da experiência para a atividade do jogo, transfere a experiência desagradável para um de seus companheiros de brincadeira e, dessa maneira, vinga-se num substituto. (2006 [1920], p. 27-28)

Assim, retomando o jogo do *Fort/Da*, Freud afirma que, enquanto a brincadeira se restringia à encenação desagradável da partida da mãe, a compulsão à repetição estava a serviço da dominação da situação traumática. O exercício de Ernest de "lançar" sua mãe para longe o colocava numa posição de controle ativo daquela separação. A partir do momento em que Ernest acrescentou o retorno do carretel ao jogo, que representava o retorno da mãe, o princípio de prazer se mostrou presente na brincadeira, mesmo que submetido ao princípio da dominância.

Freud levantou algumas hipóteses interpretativas para o jogo do *Fort/Da*. Uma das possibilidades de compreensão referia-se à ideia de que Ernest, tendo sob controle a partida da mãe por meio da repetição, transformava a experiência passiva de ter sido abandonado em uma situação ativa, em que fazia a mãe partir e a trazia de volta. Outra possibilidade de interpretação do jogo era a de que Ernest encenava a própria partida por meio do jogo. Para além das possíveis interpretações, o fato fundamental que se apresenta é que, por meio do jogo do *Fort/Da*, o menino pôde elaborar psiquicamente a separação da mãe.

Nesse sentido, o jogo do *Fort/Da* torna-se uma referência para o brincar das crianças do ponto de vista psicanalítico, demonstrando a função do brincar como suporte psíquico para a estruturação subjetiva. Com base no brincar, a criança pode exercitar sua separação do corpo da mãe, conquista fundamental para que possa desenvolver a capacidade de simbolização. Dessa maneira, Freud preparou o terreno fértil para que outros psicanalistas pudessem aprofundar as relações entre o brincar e a constituição subjetiva. Winnicott, Rodulfo e Guerra partem da perspectiva de que o brincar constitutivo pode ser observado muito antes da idade de Ernest, logo nos primeiros meses de vida do bebê.

Donald Winnicott: o brincar e o desenvolvimento emocional primitivo

Os laços entre o brincar e o desenvolvimento emocional primitivo

Winnicott contribuiu de maneira decisiva para a consolidação da importância do brincar na clínica psicanalítica com crianças. Suas formulações teóricas não aparecem de forma tão sistematizada como pudemos acompanhar em Freud. Dessa maneira, a proposta desta seção é apresentar as contribuições mais significativas de Winnicott, distribuídas em alguns de seus textos, sobre o desenvolvimento emocional primitivo e o brincar.

Iniciamos pela afirmação categórica de Winnicott, em diversos pontos de sua obra, de que um bebê não existe sozinho (1957, p. 99). Aqui, já podemos compreender seu ponto de partida sobre o desenvolvimento emocional primitivo e a importância da mãe, ou de quem ocupa a função materna, nesse processo.

Outro ponto de sustentação da obra de Winnicott é a respeito da origem do brincar, situado na experiência, por parte do bebê, de uma ilusão de onipotência. Há uma afirmação fundamental, mencionada quase que de passagem, mas que assume uma importância no pensamento desse psicanalista, de que "há uma evolução direta dos fenômenos transicionais para o brincar, do brincar para o brincar compartilhado, e destes para as experiências culturais"[5] (1975, p. 76). Assim, o desenvolvimento emocional primitivo chega à sua completude quando a criança alcança o brincar compartilhado. A diferenciação conceitual entre o brincar e o brincar compartilhado apresenta-se como pano de fundo para acompanhar as teorizações de Winnicott a respeito do brincar.

Quando um bebê nasce, não está em condições de entrar em contato com as frustrações e os desamparos inerentes à realidade externa; ainda não é capaz de suportar a não satisfação imediata de suas necessidades. Para que possa se desenvolver de maneira saudável, o bebê depende de uma mãe que esteja presente, dando conta de suas necessidades corporais e emocionais, como a fome, o sono, a higiene do corpo e o acolhimento, antes mesmo de serem sentidas por ele como incômodos. Essa relação primordial ocorre numa absoluta dependência do bebê com sua mãe.

Winnicott (2000 [1951]) destaca a importância, nesses momentos iniciais, da experiência da ilusão de onipotência, com base na qual o bebê pode acreditar que cria o seio quando está com fome. Por sua vez, a mãe suficientemente boa precisa estar lá, sustentando a ilusão de que foi o bebê quem criou o seio. A devoção

---

5 Mais adiante, exploramos de forma mais cuidadosa essas transições que se apresentam em diferentes formas do brincar.

da mãe ao bebê, que sustenta a onipotência infantil, é fundamental, principalmente enquanto ocorrem os processos de integração, personalização e construção de categorias da realidade externa, como o tempo e o espaço. Esses processos dependem da mediação da mãe suficientemente boa, que apresenta o mundo ao bebê, respeitando suas limitações e evitando estímulos excessivos e invasivos provenientes do ambiente externo.

Winnicott denominou como "preocupação materna primária" (2000 [1956], p. 401) a capacidade de a mãe adaptar-se às necessidades do bebê e identificar-se com ele. A mãe capaz de desenvolver esse estado de quase doença, que aparece já no final da gestação e dura até algumas semanas após o nascimento, permite ao pequeno que ele comece por existir e não por reagir às exigências ambientais. A possibilidade de existir é o que favorece a formação do verdadeiro *self* no bebê.[6]

A formação de uma unidade corporal e psíquica no bebê depende, basicamente, de duas funções maternas, de acordo com Winnicott (2000 [1945]): *holding* e *handling*. O conceito de *holding* está associado ao acolhimento materno, o qual ajuda o bebê na continuidade do seu ser, ou seja, propicia a integração primária do *self*. Já o conceito de *handling* é definido como aquilo que diz respeito ao contato físico e aos cuidados corporais necessários, possibilitando ao bebê sentir-se dentro do próprio corpo – processo denominado personalização. Para o autor: "É a experiência instintiva e a repetida e silenciosa experiência de estar sendo cuidado fisicamente que constroem, gradualmente, o que poderíamos chamar de personalização satisfatória" (2000 [1945], p. 225). Portanto, o *holding* e o *handling* favorecem os processos de integração primária e personalização.

---

6 Discutimos esse ponto mais adiante.

Winnicott (1983 [1960]) ainda traz considerações importantes a respeito da formação do *self*, apontando a significativa distinção entre verdadeiro e falso *self*. Segundo ele, o bebê apresenta a tendência inata ao gesto espontâneo, que é definido como um impulso genuíno no bebê para o exercício de sua espontaneidade e de sua onipotência sobre o mundo. A expressão do gesto espontâneo está vinculada ao potencial de aparecimento do verdadeiro *self*.

Contudo, tanto a expressão do gesto espontâneo como o surgimento do verdadeiro *self* dependem da qualidade do ambiente (facilitador ou não) em que o bebê está inserido. Por ambiente não facilitador, temos como exemplo a mãe que não pode reconhecer a espontaneidade de seu filho e, assim, não pode complementar a ilusão de onipotência do bebê sobre o mundo. Essa mãe tem dificuldade para adaptar-se às necessidades do pequeno, submetendo o bebê ao próprio gesto, tirando-lhe a experiência de ilusão e, consequentemente, favorecendo o aparecimento do falso *self*. Por sua vez, o ambiente torna-se facilitador à medida que a mãe é capaz de acolher o gesto espontâneo do bebê e alimentar sistemática e repetitivamente a experiência de ilusão de onipotência, favorecendo a formação do verdadeiro *self* por intermédio da força dada ao ego do bebê. Dessa forma, podemos perceber que a expressão do verdadeiro *self* está intimamente atrelada à natureza da relação estabelecida entre a mãe e o bebê.

A importância de um ambiente adaptado às necessidades do bebê – em que aos poucos ele pode relacionar-se com a realidade externa sem correr o risco de desintegração – se vê refletida no desenvolvimento do brincar. As condições essenciais para que ocorra a integração primária do *self* se dão à medida que a mãe entra no jogo da ilusória onipotência do bebê. Sim, podemos considerar que já existe nesse momento inicial do desenvolvimento emocional um jogo, um brincar entre a mãe e o bebê, mesmo que esse brincar ocorra em termos muito primitivos. As situações cotidianas de intimidade da dupla mãe-bebê são atravessadas intensamente pela dimensão lúdica. Winnicott situa a origem do brincar na intimidade da relação da dupla mãe-bebê:

> A importância do brincar é sempre a precariedade do interjogo entre a realidade psíquica pessoal e a experiência de controle de objetos reais. É a precariedade da própria magia, magia que se origina na intimidade, num relacionamento que está sendo descoberto como digno de confiança. (1975, p. 71)

As inúmeras repetições dessas situações lúdicas com a mãe constroem, aos poucos, um vínculo de confiança entre a dupla. Essa confiança permite ao bebê a experiência de entrelaçamento daquilo que surge dos processos intrapsíquicos e do controle exercido sobre o mundo externo.

Desse modo, para que o bebê alcance uma unidade – corporal e psíquica –, é essencial que possa primeiramente vivenciar a experiência da ilusão. Winnicott diz ainda que a ilusão localiza-se numa área intermediária entre a realidade interna e a realidade externa ao bebê, sendo constituída de elementos das duas realidades:

> Trata-se de uma área não questionada, pois nenhuma reinvindicação é feita em seu nome, salvo a de que ela possa existir como um lugar de descanso para o indivíduo permanentemente engajado na tarefa humana de manter as realidades interna e externa separadas, e ao mesmo tempo inter-relacionadas. (2000 [1951], p. 318)

Winnicott (1975) formulou o conceito de *espaço potencial* tentando localizar o brincar no desenvolvimento emocional primitivo, chamando a atenção para a importância desse espaço na relação entre a mãe e o bebê. O espaço potencial pertence à dimensão da ilusão e é o lugar por meio do qual o bebê pode transitar entre aquilo que é subjetivamente concebido – ou seja, que habita sua realidade interna – e aquilo que é objetivamente percebido – ou seja, que pertence à realidade externa, compartilhada.

Progredindo em seu desenvolvimento emocional primitivo, aos poucos o bebê pode lidar com as falhas ambientais, que inicialmente restringem-se às falhas maternas, sem que isso represente uma ameaça à sua integridade. Winnicott (2000 [1951]) assinala que a mãe suficientemente boa também permite momentos de desilusão, de acordo com as possibilidades do bebê, pois somente essa desadaptação gradativa possibilita o contato do bebê com a realidade externa. Quando o bebê pode estabelecer relações com a realidade compartilhada, significativos progressos já podem ser identificados no processo de constituição subjetiva.

Nessa fase do desenvolvimento emocional, a criança começa a fazer uso do objeto transicional, definido como aquele "que representa a transição do bebê de um estado em que este está fundido com a mãe para um estado em que está em relação com ela como algo externo e separado" (Winnicott, 2000 [1951], p. 30). Contudo, Winnicott alerta que o uso do objeto transicional não pode ser confundido com a capacidade de simbolização da criança, já que o objeto transicional não está simbolizando algo o tempo todo.[7] Essa é a natureza paradoxal do objeto transicional, pois é o substituto da mãe ao mesmo tempo que não o é. Tal diferença significativa entre a natureza do objeto transicional e a capacidade de simbolização

---

7 No próximo capítulo, exploramos os obstáculos que aparecem na aquisição dos símbolos nas crianças com autismo.

é ilustrada nas situações em que muitos bebês podem permanecer tranquilos, por algum tempo, com algo na boca (um pedaço de seu paninho) enquanto aguardam o retorno da mãe. O que levam à boca é seu objeto transicional, que cumpre sua função de substituto da mãe. Por meio do objeto transicional, o bebê pode continuar exercendo sua ilusória onipotência sobre o mundo, pois ainda não pode ser, na ausência da mãe. O objeto transicional faz parte da realidade interna e da realidade externa; habita a área intermediária entre essas duas realidades.

Como o objeto transicional está justamente na fronteira entre o mundo interno e o mundo externo, ele oferece ao bebê um caminho de contato com a realidade externa que é independente da mãe. Assim, a ilusória onipotência do bebê passa a ser apoiada por objetos que fazem parte da realidade externa, inaugurando uma nova posição do bebê, tanto na relação com a mãe como em seu desenvolvimento. Aqui, podemos situar o brincar não em termos extremamente primitivos como o anterior, mas como um brincar apoiado nos objetos e fenômenos transicionais – o brincar que ainda não é o brincar compartilhado, mas que o precede.

Ao longo do desenvolvimento emocional, o destino do objeto transicional é o de ser:

> *[...] gradualmente descatexizado, de modo que no decorrer dos anos ele se torne não tanto esquecido, mas relegado ao limbo. Com isto quero dizer que, na saúde, o objeto transicional não "vai para dentro", nem o sentimento a seu respeito sofre repressão necessariamente. Ele não é esquecido e não há um luto por ele. Ele perde o sentido, e isto porque os fenômenos transicionais tornaram-se difusos, espalharam-se sobre todo o território intermediário entre a "realidade psíquica interna" e o*

> *"mundo externo conforme percebido por duas pessoas que estão de acordo", isto é, sobre todo o campo da cultura. (Winnicott, 2000 [1951], p. 321)*

Mais adiante no desenvolvimento, o exercício da ilusão de onipotência sobre o mundo deixa de ser fundamental para o bebê, já que ele passa a confiar e se relacionar com a realidade externa. O bebê que alcançou sua integração psíquica e corporal começa a distinguir a realidade interna da realidade externa, objetos internos de objetos externos. Nas palavras de Winnicott "a criança, agora, está ficando pronta para o estágio seguinte, que é o permitir e fruir uma sobreposição de duas áreas de brincadeira" (1975, p. 71). Nesse momento, o brincar compartilhado aparece como continuidade e complexificação do brincar de que falávamos anteriormente (apoiado nos objetos e fenômenos transicionais). O brincar compartilhado apresenta-se como a sobreposição das realidades externa e interna, em que a criança consegue partilhar a brincadeira com alguém que participa ativamente do jogo. A diferença do brincar para o brincar compartilhado consiste justamente no espaço que esse alguém ocupa na brincadeira, já que, no primeiro brincar, pode até haver alguém ali com a criança, mas sua participação é circunscrita à sustentação do controle ilusoriamente onipotente sobre o mundo. Já no brincar compartilhado passa a haver duas áreas de brincar: a área da criança e a área do outro; elas se sobrepõem numa experiência de brincar que é compartilhada e sobre a qual nenhuma das duas pessoas envolvidas tem o controle. Essa diferenciação é fundamental para aprofundar o brincar na clínica com crianças autistas, de que falamos mais adiante.

Concomitantemente ao brincar compartilhado, o bebê experimenta a capacidade de formação de símbolos e, "quando o simbolismo é empregado, o bebê já está claramente distinguindo entre fantasia e fato, entre objetos internos e objetos externos, entre criatividade primária e percepção" (Winnicott, 2000 [1951], p. 321).

Surgimento do brincar e da capacidade de relacionar-se com o mundo externo: uma observação possível por meio do jogo da espátula

O jogo da espátula foi apresentado no texto "Observação de bebês numa situação padronizada" (2000 [1941]). Winnicott dispunha uma espátula reluzente entre ele e a dupla mãe-bebê e observava o comportamento do bebê.

Com base em consultas pediátricas, Winnicott pôde observar um padrão de comportamento dos bebês em relação à espátula. Suas reações poderiam ser interpretadas de acordo com as diferentes etapas do desenvolvimento emocional primitivo. Essa percepção possibilitou a Winnicott usar o "jogo da espátula" como uma ferramenta diagnóstica do desenvolvimento emocional primitivo do bebê.

A situação padrão geralmente observada em crianças que passam por um processo de desenvolvimento emocional normal demonstrou que, apesar de o bebê interessar-se inicialmente pela espátula, hesitava em pegá-la num primeiro momento. Se não houvesse interferência de Winnicott nem da mãe, o bebê, após esse período de hesitação, aceitava seu próprio desejo de pegar o objeto, alcançando-o e levando-o à boca. Assim, o bebê sentia que a espátula estava sob seu controle e se divertia em brincar de dar comida para Winnicott e para a mãe. No momento seguinte, o bebê, talvez por acaso, deixava a espátula cair. Se a espátula fosse devolvida, o bebê demonstrava felicidade e brincava novamente com ela, até deixá-la cair mais uma vez, de modo aparentemente menos casual. Posteriormente, o bebê brincava de jogar a espátula no chão de forma intencional, divertindo-se com o fato de conseguir se livrar dela de forma agressiva. Finalmente, notava-se que o bebê pedia para descer do colo da mãe e ia brincar com a espátula no chão ou levava a espátula à boca ou, ainda, perdia o interesse por ela.

Winnicott assinala que a ousadia do bebê em pegar a espátula, apropriando-se dela e percebendo, simultaneamente, que sua atitude não alterou a estabilidade do ambiente, é de extrema importância para ele. A repetição dessas experiências gratificantes constitui-se como base para a construção da confiança nas pessoas, que fazem parte do mundo externo, assim como para o desenvolvimento de um sentimento geral de segurança no bebê.

O prazer de jogar longe a espátula, observado nos bebês, remeteu Winnicott ao jogo do *Fort/Da*, já que se apresentava como um exercício de alteridade entre o bebê e o mundo à sua volta.

O autor notou que o padrão de comportamento descrito era bastante recorrente nos bebês que se desenvolviam bem do ponto de vista emocional; eram exceção aqueles bebês que apresentavam alguma dificuldade em seu desenvolvimento emocional ou algum sintoma psicossomático. Nesses casos, notava-se um período maior de hesitação até o bebê decidir-se por pegar a espátula, possivelmente apresentando sintomas psicossomáticos durante esse período ou total desinteresse pelo objeto. Além disso, Winnicott observou que havia bebês que não apresentavam nenhuma hesitação em pegar a espátula, mas que poderiam jogá-la no chão de forma imediata e repetitiva. Outro comportamento que fugia à regra era daqueles bebês que também não apresentavam nenhuma hesitação em agarrar a espátula, mas não a soltavam naturalmente.

Para Winnicott, a espátula poderia representar para o bebê a noção de uma pessoa inteira. Segundo ele, a partir de quatro meses de idade, os bebês que tivessem se desenvolvido bem do ponto de vista emocional já se mostrariam capazes "de perceber pessoas inteiras por meio do olhar, sentir seu estado de espírito, de aprovação ou desaprovação, e distinguir entre uma pessoa e outra" (Winnicott, 2000 [1941], p. 125). Dessa maneira, o autor entendia que os bebês que apresentavam muito rapidamente o comportamento de pegar a espátula e jogá-la no chão, quantas vezes a espátula fosse oferecida a eles, ainda não tinham desenvolvido a capacidade de construir pessoas inteiras por trás do objeto parcial. Já em relação aos bebês que não hesitavam em pegar a espátula, mas, por outro lado, não ousavam soltá-la, a questão emocional poderia estar localizada na dificuldade do desenvolvimento de um *self* integrado na ausência da mãe. Desse modo, o objeto que não poderia ser largado estaria, possivelmente, exercendo a função de objeto transicional, garantindo o sentimento de onipotência do bebê sobre o mundo externo.

Por último, Winnicott compreendia a prolongada hesitação em pegar a espátula ou o sentimento de indiferença em relação a ela como expressão da ansiedade, gerada por fantasias de retaliação por parte do ambiente externo. Contudo, para o nosso contexto de trabalho – o estudo do brincar de crianças com autismo –, faz-se importante frisar a ressalva feita por Winnicott a respeito de tal interpretação, já que as fantasias de retaliação do ambiente externo só poderiam ser geradas se estivéssemos falando de uma criança que já adquirira a capacidade de perceber pessoas inteiras. Em suas próprias palavras: "Não se trata, de modo algum, de uma verdade absoluta, pois há bebês que parecem mostrar um interesse ou medo pela espátula e, no entanto, não formaram ainda a ideia de uma pessoa inteira" (Winnicott, 2000 [1941], p. 125). No entanto, o autor não sugere outras possibilidades de compreensão sobre a prolongada hesitação.

Mais de vinte anos após o texto em que apresenta a situação padronizada de observação, Winnicott escreveu um artigo intitulado

"O uso de um objeto e o relacionamento através de identificações" (1994 [1968]), em que, apesar de não fazer nenhuma referência direta ao jogo da espátula, oferece-nos um caminho teórico-clínico para uma compreensão mais aprofundada desse jogo.

Nesse artigo, Winnicott trabalha a significativa diferença entre os conceitos de relacionamento com o objeto e de uso de um objeto. Para ele, a capacidade de usar um objeto é muito mais complexa e ocorre posteriormente à capacidade de relacionar-se com ele. Quando o sujeito relaciona-se com o objeto, este ainda não tem uma existência independente do sujeito, ou seja, o objeto pertence somente aos fenômenos subjetivos e, desse modo, está sob controle onipotente do sujeito. Contudo, a possibilidade de usar um objeto inaugura um lugar para ele na realidade compartilhada, no mundo externo ao sujeito. Nesse sentido, o objeto que pode ser usado não está sob o controle onipotente do sujeito; ele existe para além dos fenômenos subjetivos, para além das projeções que o sujeito deposita nele.

Tendo em vista essas formulações, torna-se possível associar os diferentes tempos que compõem o jogo da espátula com a complexa transição entre o relacionamento com o objeto e o uso do objeto. Assim, fazemos uma releitura desse artigo de Winnicott, relacionando-o ao jogo da espátula.

Retomemos as etapas do jogo da espátula, fazendo agora algumas aproximações com o processo de desenvolvimento emocional primitivo. Inicialmente, após um período de hesitação, o bebê pode finalmente pegar a espátula, apropriando-se dela e a colocando sob seu controle onipotente. Aqui localiza-se a natureza paradoxal dos objetos e fenômenos transicionais, pois "o bebê cria o objeto, mas este estava lá esperando para ser criado e para tornar-se um objeto psicoenergeticamente investido" (1994 [1968], p. 173). No momento em que o bebê se apropria da espátula, ela passa a pertencer ao seu mundo interno e ele pode manipulá-la à sua maneira. Trata-se da expressão da capacidade do bebê de se relacionar com a espátula; do ponto de vista do bebê, a existência da espátula está sob seu controle onipotente, já que o objeto existe apenas na sua realidade interna.

Gradativamente, o bebê pode experimentar seus impulsos destrutivos em relação à espátula: deixa-a cair quase que por acaso e fica feliz ao recebê-la de volta. Posteriormente, demonstra o intenso prazer de arremessá-la longe. Quando a ação de livrar-se da espátula causa no bebê indiscutível prazer, podemos perceber significativas transformações no jogo, pois o bebê não está mais se relacionando com a espátula, mas fazendo uso dela.

Winnicott ressalta a importância do impulso destrutivo em direção ao objeto para que esse objeto possa habitar um lugar fora da área de fenômenos subjetivos. Contudo, é a sobrevivência desse objeto frente à tentativa de destruição que o localiza definitivamente fora do mundo interno, ou seja, como pertencente à realidade compartilhada.

A possibilidade de situar o objeto fora do controle onipotente do bebê permite que ocorra um importante movimento de transição do relacionamento com o objeto em direção à possibilidade de usar o objeto. Essa passagem do relacionamento com o objeto para o uso do objeto está profundamente associada a um ambiente facilitador, ou seja, um ambiente que não retalia o sujeito quando recebe seus impulsos destrutivos. A espátula sobrevive ao impulso destrutivo do bebê de jogá-la longe e retorna inteira, disponível para receber outro impulso destrutivo do bebê.

Segundo Winnicott:

> *Não se pode dizer que essa capacidade [de usar os objetos] seja inata, nem, tampouco, que o seu desenvolvi-*

mento em um indivíduo seja tomado por certo. O desenvolvimento de uma capacidade de usar um objeto é outro exemplo do processo maturacional como algo que depende de um meio ambiente facilitador. (1994 [1968], p. 173)

Esse é um dos paradoxos mais importantes de Winnicott: a destruição do objeto sem retaliação permite situá-lo fora da área dos fenômenos subjetivos, ao mesmo tempo que essa destruição do objeto já indica que se localiza nesse fora:

> É importante notar que não se trata apenas de o sujeito destruir o objeto porque este está situado fora da área de controle onipotente. É igualmente importante enunciar isto ao contrário e dizer que é a destruição do objeto que o situa fora da área de controle onipotente do sujeito. Destas maneiras, o objeto desenvolve sua própria autonomia e vida, e (se sobrevive) contribui para o sujeito, de acordo com suas próprias propriedades. (Winnicott, 1994 [1968], p. 174)

É bastante interessante a observação de Winnicott a respeito da natureza daquele impulso destrutivo do sujeito em relação ao objeto, pois não se trata aqui de sentimentos de raiva dirigidos ao objeto, mas sim de um impulso direcionado a algo diferente de mim. Ainda acrescenta que a sobrevivência do objeto pode ser recebida com alegria pelo sujeito. Basta lembrarmo-nos do prazer descrito pelo autor quando a criança podia livrar-se de forma agressiva da espátula para, em seguida, recebê-la de volta, assim como também podemos nos lembrar da alegria do neto de Freud ao receber de volta o carretel.

A destruição desempenha um importante papel na construção da realidade externa para o sujeito, pois, se o objeto pode ser destruído e sobrevive à tentativa de destruição, está situado fora do *self*, fora do controle onipotente do sujeito. Assim, a capacidade de usar os objetos está atrelada à possibilidade de colocá-los fora da área dos fenômenos subjetivos e, nessa medida, indica ao sujeito que há algo para além dele, algo com que pode relacionar--se criativamente.

Dessa maneira, podemos concluir que a observação da situação padronizada com o jogo da espátula ilustra de modo excepcional a passagem do relacionamento com o objeto para o uso de um objeto. Além disso, acompanhamos mais de perto como o desenvolvimento emocional primitivo pode se ver refletido na origem do brincar e em suas transformações. Esse entrelaçamento entre o brincar e a constituição intersubjetiva nos oferece instrumentos valiosos para a compreensão e a avaliação de crianças que apresentam algum distúrbio no brincar. Do mesmo modo, torna-se clara a pertinência da intervenção por intermédio do brincar para ajudá--las a se constituir enquanto sujeitos.

Vejamos como esses entrelaçamentos entre o brincar e a constituição subjetiva puderam ser pensados por Rodulfo e Guerra, autores que partiram das formulações de Winnicott e foram além, assinalando a participação de outros elementos nesse processo.

Ricardo Rodulfo: o brincar e os três tempos de constituição subjetiva

O trabalho de Rodulfo, psicanalista argentino, contribui de maneira significativa para o nosso tema em estudo. Ele articula, por um lado, as formulações de Winnicott sobre o desenvolvimento emocional e, por outro, a perspectiva lacaniana a respeito da estruturação do sujeito (Rodulfo, 1990). Toma o cuidado, contudo, de não reduzir o sujeito a essa estrutura, sugerindo um entrelaçamento bastante interessante entre o brincar e a constituição subjetiva. Para o autor, o desenvolvimento do brincar ocorre *pari passu* às etapas da constituição subjetiva, o que traz, por sua vez, a possibilidade de reconhecer a etapa da estruturação psíquica em que o bebê se encontra por meio da forma com que o brincar se apresenta.

Teorizando sobre o processo de estruturação psíquica e sua relação com o brincar, Rodulfo parte da ideia de que o jogo do *Fort/ Da* – reconhecido pela expressão da conquista simbólica na criança – aparece só muito posteriormente no processo de constituição subjetiva.

> Em minha opinião, a prática clínica impõe a evidência de funções do brincar anteriores àquele [Fort/Da], funções que [se podem] ver desdobrar, em seu estado mais fresco, ao longo do primeiro ano de vida, relativas à constituição libidinal do corpo. (Rodulfo, 1990, p 92)

Reposicionando o jogo do *Fort/Da*, Rodulfo marca a conquista simbólica da criança como a terceira etapa do processo de constituição subjetiva, oferecendo um lugar diferente do que Freud atribuíra para o jogo do *Fort/Da*.[8]

Descrevendo a complexidade do desenvolvimento subjetivo, o autor afirma que o bebê participa ativamente em cada etapa de sua constituição. Assinala que a passividade do bebê certamente relaciona-se a alguma perturbação grave em seu processo de

---

8 Discutimos esse ponto mais adiante.

constituir-se enquanto sujeito, sendo o autismo a maior expressão dessa passividade.

Segundo Rodulfo, a primeira etapa do processo de constituição subjetiva está associada à formação de superfícies, películas de continuidade. A formação de tais superfícies é realizada por um trabalho intenso e ativo por meio do qual o bebê extrai materiais do corpo do Outro. Por meio de uma perspectiva lacaniana, o autor diz que esse é o momento no qual o bebê retira do corpo do Outro primordial os significantes dos quais se apropria subjetivamente. Essa atividade de extração de materiais do corpo do Outro primordial ocorre sob a condição *sine qua non* de que o corpo materno seja perfurável. Rodulfo exemplifica o corpo materno perfurável aludindo à mãe que se entrega ao prazer de amamentar seu bebê, em oposição àquela que se sente muito angustiada com a experiência de amamentação, a ponto de só conseguir atravessá-la desviando o olhar do bebê. Outro exemplo da relação extração--perfuração entre a mãe e o bebê é a circulação de significantes familiares. Isso se traduz pelo lugar que o bebê vem ocupar para sua mãe e sua família. Esses significantes familiares são aqueles que compõem o mito familiar e por meio dos quais o bebê é nomeado.

Segundo Rodulfo:

> *O mito familiar não é exterior, sobretudo não é um discurso exterior. Acha-se no corpo materno [...]. Tudo o que a criança recebe do mito familiar é através do próprio corpo da mãe, é claro que não sob a forma de narrativas, senão em miríades de intervenções concretas, nos matizes infinitesimais de uma carícia, entonações que, por repetição, tornam-se significantes, [...] o calor ou a distância do contato; é assim como e onde se enlaça o mito familiar. (1990, p. 56)*

O reencontro frequente com o Outro perfurável é o que possibilita ao bebê alcançar sua integração, já que encontra matéria-prima disponível para a formação das superfícies contínuas. Aqui, Rodulfo frisa o papel fundamental das rotinas na vida do bebê para a construção de tais superfícies. As rotinas, definidas pelo autor como as "herdeiras da função materna" (1990, p. 101), nada mais são do que a possibilidade de antecipar algo do conhecido, do mesmo, daquilo que se repete dentro de uma regularidade organizadora, diante de um mundo totalmente estranho ao bebê.[9] Um ambiente protegido, longe das oscilações excessivas da realidade externa, possibilita ao bebê a tranquilidade necessária para a construção daquelas superfícies, num tempo constitutivo em que ainda não é possível a separação entre eu e não eu.

Assim, nesse primeiro momento, o bebê ainda não dispõe de uma noção corporal que lhe permita diferenciar-se da realidade externa: sua atividade de formação de superfícies relaciona-se à criação de uma grande unidade com o ambiente. Podemos reconhecer aqui a influência de Winnicott, já que estamos falando do tempo em que o bebê precisa ter a experiência da absoluta onipotência sobre o mundo.

Percebendo a importância da formação das superfícies contínuas, podemos antecipar as consequências de uma superfície malformada para a constituição do sujeito:

> *Em famílias com elevado potencial psicótico é possível observar, na clínica, que o sujeito se encontra na impossibilidade absoluta de prever o que vai acontecer: não há constituição de rotina; enquanto que um neurótico*

---

9 Vemos mais adiante que Victor Guerra denomina essa regularidade organizadora como ritmo intersubjetivo, compartilhado entre a mãe e o bebê.

costuma queixar-se dela e dos impasses que, segundo ele, causa ao seu desejo. (Rodulfo, 1990, p. 102)

Desse modo, o bebê encontra-se ocupado em extrair-fabricar superfícies contínuas nessa primeira etapa constitutiva; e o brincar aparece imerso nessa tarefa. Rodulfo identifica tal brincar, por exemplo, na meleca que os bebês fazem com a papinha: parecem se misturar com a comida, formando um muco tão coeso que se torna difícil definir onde começa o bebê e onde acaba a sujeira.

Nesse contexto, as estereotipias presentes nas crianças com autismo podem ser identificadas como expressão da ineficiente formação dessa superfície.

Nas crianças autistas, estamos habituados a encontrar esboços amputados, restos de superfícies malformadas, por exemplo, o que psiquiatricamente se chama de estereotipias; vemos ali o que ficou de uma criança brincando, índice, além do mais, de que ainda subsiste algo de uma criança, ardendo debilmente no fragmento mutilado do que seria, em outras circunstâncias, um movimento plenamente estendido no tempo e no espaço. (Rodulfo, 1990, p. 101)

Ao mesmo tempo que as estereotipias são evidências das superfícies malformadas, também podem ser a janela de acesso pela qual o terapeuta, dentro de um atendimento psicanalítico, pode intervir, resgatando o que há de produção subjetiva das crianças por trás de cada estereotipia. Retomamos esse assunto nos próximos capítulos.

A formação de superfícies contínuas é a base para a posterior diferenciação entre dentro/fora, ego/não ego no bebê. Essa diferenciação é o que caracteriza o segundo momento da estruturação psíquica e se constitui por um contínuo movimento entre idas e vindas, entre a diferenciação de interno e externo, bem como sua sucessiva indiferenciação. Simultaneamente a esse movimento, continuam ocorrendo atividades de perfuração e extração do corpo do Outro, já que o desenvolvimento subjetivo segue o movimento de atividades desde as mais simples até as mais complexas, entre idas e vindas.

Nesse segundo momento estruturante, a relação entre continente e conteúdo aparece completamente reversível no espaço e no tempo; relação marcada por sua natureza ambígua. Rodulfo recorre à fita de Moebius para explicitar o que está em cena nessa etapa, que pode ser definida como a imagem de um tubo esmagado, sem volume, "uma superfície unidimensional sem dentro e fora, sem interior e exterior, que servirá para representar a unidade que nesse momento constituem o bebê e o Outro primordial" (Gueller, 2008, p. 156).[10]

Assim, o bebê encontra-se ocupado, exercitando o movimento de diferenciação e indiferenciação do corpo do Outro primordial. Rodulfo assinala a importância do que chama segundo paradoxo do Winnicott: "para poder separar-se, deve-se estar muito unido, muito em fusão, é a fusão que permite (a condição de) a separação, e não ao contrário" (1990, p. 107). Uma separação prematura entre ego/não ego acarretaria grandes prejuízos psíquicos,

---

10 Segundo a autora, o conceito da fita de Moebius foi emprestado por Jacques Lacan da topologia. Esse conceito pode ser concretamente visualizado se, após um movimento de torção de uma tira de papel, suas pontas opostas são coladas uma à outra, de modo a formar um círculo. Como resultado, as faces interna e externa aparentam pertencer paradoxalmente a uma mesma superfície, não podendo ser diferenciadas.

já que a imposição dessa separação antes do tempo alteraria a espontaneidade do bebê, restando a ele a adaptação compulsória ao desejo do Outro.

> *Deve-se pensar que a dependência do bebê é tão extrema e polimorfa – ao não se esgotar na atenção de suas necessidades biológicas – que a única forma de suportá-la é que não seja levado a tomar consciência dela até que tenha obtido um mínimo de autonomia. A função estruturante da onipotência precoce se dá justamente enquanto protege o* infans *de dar-se conta tão precocemente de que é o Outro que o sustenta e que esse Outro poderia desaparecer [...] [isso] tornar-se-ia decididamente aniquilante aos poucos meses de vida.* (Rodulfo, 1990, p. 107-108)

Nesse sentido, cabe ao bebê realizar essa diferenciação entre interno e externo, ego e não ego, no momento em que isso lhe for possível.

A segunda função do brincar está relacionada a essa diferenciação e pode ser representada por meio dos jogos de continente/conteúdo. Rodulfo cita a repetição de brincadeiras de tirar e pôr objetos dentro de uma caixa, abrir e fechar armários e gavetas de uma forma desorganizada. Observa-se que nessas atividades, a criança ainda não pode entrar em contato com a noção de volume dos objetos; está ocupada em colocar um dentro do outro, pois a relação entre continente/conteúdo ocorre de maneira reversível (1990, p. 105).

Com base na formação de superfícies contínuas e na elaboração de um tubo bidimensional, aos poucos a noção de volume pode ser adquirida no interior desse tubo, propiciando gradativamente o processo de diferenciação entre interno/externo, ego/não ego, sujeito/objeto, transformando-se num tubo tridimensional. Esse processo marca o início do terceiro momento da constituição psíquica do bebê, em que pode conquistar a capacidade de simbolização.

O brincar proveniente deste último tempo aparece por volta dos nove meses e pode ser identificado nas brincadeiras de aparecimento e desaparecimento. "A forma mais simples e segura de detecção desta terceira função do brincar é através de jogos de esconde-esconde" (1990, p. 116), pois isso nos dá a prova de que o desaparecimento do olhar do Outro já não causa fraturas desestruturantes nas superfícies constituídas no bebê. Em tais circunstâncias, ele pode experimentar sua existência na ausência do Outro.

> Existe então, também, um desmamar-se do olhar materno: esses momentos fugazes, cenas que de fato duram segundos, quando uma criança se deixa cair ou deixa cair o olhar que a sustenta, escapa e reaparece com o gozo duplicado do esconder-se e do reencontro. Trata-se aqui de um verdadeiro fenômeno de desmame, porque está se produzindo uma separação fundamental [...]. Triplo desprendimento, poderíamos dizer; rolam pelo chão o olhar, o seio... e o próprio sujeito. (Rodulfo, 1990, p. 118)

O autor frisa a importância do fator do tempo em que essa capacidade de simbolização pode ser identificada na criança, mas a distingue do tempo da repetição necessária para sua consolidação. Isso é de extrema relevância na clínica psicanalítica, pois oferece ao analista as referências de quando determinada aquisição está atrasada, ajudando-o a identificar o momento constitutivo em que podem ser encontradas as falhas.[11] Ainda de acordo com Rodulfo, as falhas na formação de superfícies contínuas se manifestam com toda intensidade justamente no período em que se esperava a conquista da simbolização. Isso acontece porque se torna impossível para a criança separar-se do corpo materno se ainda não foi capaz de construir uma superfície para o próprio corpo.

A conquista da existência independente do olhar do Outro primordial permite à criança perceber que o Outro pode realmente desaparecer. Nesse sentido, se a criança pode desaparecer do olhar do Outro é também porque o Outro pode desaparecer. Desse modo, a criança chega à fase que clinicamente reconhecemos como angústia do oitavo mês, em que passa a diferenciar a mãe de outros estranhos e já não pode mais acreditar cegamente na ilusão fusional com o corpo materno. Isso opera uma grande mudança psíquica na criança já que começa a diferenciar aquilo que faz parte da dimensão da ilusão daquilo que faz parte da realidade compartilhada.

Como na etapa constitutiva anterior, aqui também observamos movimentos de idas e vindas, em que a capacidade de simbolização da separação da mãe só ocorre durante curtos períodos, além dos quais a ausência materna torna-se insustentável para a criança, por causa da grande angústia que a invade.

Foi nesse cenário constitutivo que Rodulfo localizou o jogo do *Fort/Da*. Ernest, por meio da brincadeira, realizava um difícil trabalho psíquico, em que simbolizava a ausência da mãe. A experiência de abandono por parte da mãe pôde ser expressa e

---

11 Mais adiante, vemos que Guerra propõe uma grade de avaliação de indicadores intersubjetivos esperados ao longo do primeiro ano de vida do bebê, também com o intuito de definir as conquistas esperadas para cada etapa do desenvolvimento, assim como os sinais de sofrimento psíquico na ausência desses indicadores.

simbolizada pela brincadeira do *Fort/Da*, num momento constitutivo em que essa ausência já não causava buracos desestruturantes nas superfícies já formadas. Segundo Rodulfo, "é por isso mesmo que o brincar representa uma função tão essencial, no exercício da qual a criança vai se curando por si mesma, em relação a uma série de pontos potencialmente traumáticos" (1990, p. 113). Portanto, o jogo do *Fort/Da* não é a primeira expressão do brincar observada nos bebês.

A conquista plena da capacidade simbólica leva tempo e exige grande elaboração psíquica, pois o primeiro passo é a criança se dar conta da distância que a separa do corpo materno. Porém, há ainda que interiorizar essa tridimensionalidade da maneira mais profunda possível, em diversos níveis do seu psiquismo.

Algumas situações do cotidiano nos ajudam a detectar falhas na interiorização dessa tridimensionalidade. Por exemplo, crianças em idade em que já é esperada a capacidade de simbolização consolidada mostram-se capazes de brincar de faz de conta, mas não conseguem brincar sozinhas, sempre precisam de alguém com elas. A impossibilidade de se verem sozinhas demonstra a tarefa inacabada de diferenciação entre ego e não ego, num tempo em que isso já deveria ter sido conquistado.

A consolidação da capacidade de simbolização marca o término da constituição psíquica na criança. Por intermédio dessa descrição dos tempos subjetivos assinalados por Rodulfo, podemos observar o quanto o brincar tem parte ativa e estruturante em tal processo de desenvolvimento. É por meio do brincar que a criança pode constituir-se e curar-se simultaneamente.

Passemos agora à exposição teórica de outro autor da psicanálise também influenciado pela obra de Winnicott: Victor Guerra.

Victor Guerra: o papel da intersubjetividade na constituição psíquica do bebê

Neste capítulo sobre o enlace entre o brincar e a constituição subjetiva, não poderíamos deixar de fora as contribuições de Guerra, psicanalista uruguaio.[12] O autor traz uma perspectiva muito próxima aos interesses deste livro, tratando do papel fundamental da intersubjetividade para a constituição psíquica do bebê, incluindo desde o início a importância contínua da disposição lúdica da mãe – ou de quem ocupa essa função – para a constituição subjetiva do bebê.

Lei materna: encontro intersubjetivo

Para abordar o papel da intersubjetividade na constituição psíquica, Guerra, influenciado por René Roussillon (1995), prioriza o conceito de lei materna, a qual pode ser entendida como:

> [...] uma forma (por meio de processos empáticos) de regular (como faz toda lei) algum aspecto do funcionamento do sujeito, para possibilitar a convivência com os outros. E a "lei materna do encontro" é, para mim, um princípio organizador da vida afetiva com o bebê como sujeito incipiente. (2015, p. 6, tradução nossa)

Assim, compreendemos que a lei materna refere-se a uma sintonia afetiva muito sensível aos estados emocionais do bebê, o que

---

12 Faleceu recentemente, em junho de 2017.

possibilita à mãe ajudá-lo a integrar novas experiências, criando o espaço intersubjetivo de trocas afetivas, de comunicação não verbal, de espontaneidade, de criatividade e de abertura para as relações sociais.

A lei materna abarcaria três grandes funções. A primeira constitui-se como o respeito ao ritmo próprio do bebê. O ritmo poderia ser definido como aquilo que emerge do contato de um adulto com um bebê no princípio da subjetivação – "o encontro de olhares, a voz, o corpo, o movimento põem em jogo elementos rítmicos que pautam sensivelmente o encontro e desencontro" (Guerra, 2013, p. 6).[13]

O segundo aspecto da lei materna diz respeito às funções de espelhamento, tradução e transformação de vivências afetivas do bebê, funções relacionadas a um aspecto trabalhado por Winnicott, a saber, o rosto da mãe como precursor do espelho para o bebê. De acordo com o autor, "a mãe está olhando para o bebê e o que ela aparenta está relacionado com aquilo que ela vê ali" (Winnicott, 2005 [1967], p. 151, tradução nossa).[14] Assim, compreendemos que a mãe reflete aquilo que vê no bebê: reflete por sua expressão facial, pelas rugas de preocupação, pelos traços de alegria, pelo olhar de surpresa e de interesse etc. A expressão facial da mãe oferece ao bebê a imagem daquilo que ele está sentindo, em um momento do desenvolvimento emocional primitivo em que ainda não há diferenças entre eu e não eu para o bebê. A imagem do próprio bebê refletida no rosto da mãe auxilia-o na constituição do verdadeiro *self*. A capacidade da mãe de refletir os estados emocionais do bebê está relacionada à sua sintonia afetiva com o filho. Essa sintonia afetiva faz com que a mãe possa identificar-se com a angústia do

---

13 Aprofundamos esse ponto mais adiante.
14 No original: "In other words, the mother is looking at the baby and what she looks like is related to what she sees there" (Winnicott, 2005 [1967], p. 151).

bebê, assim como com outros estados emocionais. Por meio da identificação, a mãe pode traduzir as emoções desagradáveis do bebê porque também sente aquilo, mas, diferentemente do bebê, conta com recursos psíquicos próprios para transformar a angústia em algo mais tolerável, tanto para ela quanto para o bebê – transformação que o bebê ainda não é capaz de fazer.

O terceiro e último aspecto da lei materna pode ser definido como a abertura ao terceiro na relação mãe-bebê. A entrada do terceiro diz respeito à introdução da função paterna, à apresentação de objetos, à abertura à palavra, ao eixo presença-ausência e à capacidade de simbolização. Essa abertura ao terceiro ocorre por meio da disposição lúdica da mãe, que apresenta ao bebê a possibilidade do contato mediado pela palavra (não corporal) e por objetos. A introdução dos objetos e de outras formas de interação (não corporais) entre a dupla permite ao bebê vivenciar as primeiras formas de *simbolização em presença* (Roussillon, 2003 apud Guerra, 2013). A simbolização em presença prepara o terreno para que o bebê possa lidar de maneira suportável com a ausência da mãe, iniciando o desenvolvimento da capacidade de simbolização. Assim, a triangulação da relação mãe-bebê se coloca como interdição estruturante, de modo que o bebê é lançado a outras possibilidades de relação com o mundo não restritas ao corpo da mãe nem à sua presença física (Guerra, 2015, p. 11).

As três funções que compõem a lei materna foram separadas nesta apresentação por motivos didáticos. Na realidade, operam conjuntamente e de forma sobreposta, de tal maneira que as trocas afetivas e a abertura ao terceiro só podem acontecer sustentadas pelo estabelecimento do ritmo intersubjetivo que envolve o encontro da dupla. Por outro lado, o ritmo intersubjetivo, por sua própria definição, só pode ser estabelecido na interação da dupla.

O ritmo na constituição intersubjetiva

O ritmo intersubjetivo que envolve o encontro entre o bebê e a mãe é permeado por certo grau de previsibilidade e de organização temporal. Já nas primeiras mamadas, a mãe, que se encontra no estado de preocupação materna primária, reconhece no bebê um estilo rítmico próprio – ela respeita o tempo do bebê e oferece suporte psíquico para que o pequeno integre e organize os estímulos sensoriais e pulsionais. A partir disso, a mãe pode entrar em sintonia afetiva com o filho, estabelecendo um ritmo compartilhado. Essa ritmicidade conjunta é singular para cada dupla mãe-bebê, e as especificidades podem ser observadas pela forma com que cada bebê se acomoda ao seio e como a mãe o acolhe.

O estabelecimento do ritmo compartilhado também pode ser observado em outros momentos da relação mãe-bebê. Como exemplo, podemos mencionar o convite à interação lúdica feito pela mãe e, por sua vez, como acolhe a receptividade ou a recusa do bebê. O estabelecimento da ritmicidade conjunta ainda pode ser notado quando a mãe apresenta um objeto a seu filho e oferece espaço e tempo para que ele possa responder espontaneamente.

O tema do ritmo compartilhado também foi trabalhado por Anne Alvarez (1994). Segundo a autora, o contato entre a mãe e o bebê ocorre de maneira rítmica e cíclica quando:

> [...] *os altos são tão importantes e tão mutuamente procurados quanto os baixos, e [quando] funções de alertar e estimular são tão significativas quanto as de confortar.* [...] *Aparentemente, a mãe normal permite e respeita certo grau de retraimento por parte de seu bebê, mas ela também desempenha, ainda que gentil-*

mente, um papel ativo *no trazê-lo de volta para a interação com ela. (Alvarez, 1994, p. 72, grifos da autora)*

Aprofundando a ideia de que o ritmo se organiza por certa distribuição no tempo, Guerra (2013) nos remete a Colwyn Trevarthen (1978) e a Alvarez (1994), que apresentam a ideia de que a diferença fundamental entre seres animados e seres inanimados é que os primeiros possuem vitalidade rítmica do movimento, ou seja, podem produzir os ritmos por si mesmos, em oposição aos seres inanimados. Dessa maneira, os seres animados se oferecem ao bebê como companhia viva, presença sintonizada afetivamente àquele encontro, propondo alterações no ritmo, interrupções e surpresas – ações que os seres inanimados são incapazes de fazer.

A distinção entre seres animados e inanimados nos remete à questão de que, além da natureza previsível e contínua do ritmo, sua permeabilidade a mudanças também é fundamental para a dimensão estruturante do psiquismo do bebê. As crianças com autismo nos oferecem exemplos vivos de como a imutável continuidade do ritmo pode ser mortífera (Guerra, 2013, p. 9): aprisionadas pelo ritmo autocentrado das estereotipias, mostram-se alheias aos ritmos dos outros à sua volta. A antecipável descontinuidade do ritmo intersubjetivo abre espaço para o novo e para a criatividade, fatores essenciais para a subjetividade em constituição.

Guerra afirma que o ritmo é inscrito psiquicamente como um traço de identidade do núcleo primário do *self*. A identidade rítmica origina-se do ritmo intersubjetivo estabelecido entre a dupla mãe-bebê (2010a, p. 12). Essa identidade acompanha o sujeito ao longo da vida e pode ser revivida como forma de elaboração psíquica (não verbal) em situações em que a palavra se mostra pouco efetiva. Como exemplo da permanência da identidade rítmica na vida adulta, Guerra fala sobre a importância do recolhimento narcísico diário do sono (2010a, p. 8). Em situações em que as pessoas têm o regime de sono perturbado, por atravessarem problemas ou vivências traumáticas, observam-se altos níveis de estresse e de irritabilidade, associados à perda da identidade rítmica.

Retomando o processo de constituição subjetiva, a inscrição no psiquismo da identidade rítmica favorece o atravessamento de momentos de ruptura e de descontinuidade de modo familiar e, por isso, não traumático ao bebê. Assim, a identidade rítmica também contribui para a elaboração da alternância entre presença e ausência, já que reassegura ao bebê certa noção de continuidade.

Nas palavras de Albert Ciccone:

> *A ausência não é tolerável e amadurecedora se não for alternada com uma presença dentro de uma ritmicidade que garante o sentimento de continuidade. A descontinuidade é amadurecedora somente sobre um fundo de permanência. E a ritmicidade das experiências dá a ilusão de permanência.* (2007 apud Guerra, 2013, p. 8)

Com base nas ideias de Guerra a respeito do ritmo próprio do bebê, do ritmo intersubjetivo, da identidade rítmica e, finalmente, da previsibilidade e da organização temporal do ritmo, percebemos a importância do ritmo como pano de fundo para as experiências emocionais e intersubjetivas por que passa o bebê. No capítulo 3, ocasião em que podemos discutir de forma mais aprofundada a clínica psicanalítica de crianças com autismo, vemos como o ritmo compartilhado sustenta um espaço privilegiado de trocas.

As contribuições de Guerra nos levam a outro elemento fundamental para a constituição subjetiva do bebê: o objeto tutor.

O papel do objeto tutor

Falávamos anteriormente da importância de a mãe apresentar ao bebê modalidades de interação afetiva que podem ocorrer por meio de sua disponibilidade lúdica e da apresentação de objetos, ou seja, que não passem pelo contato corporal. Os objetos apresentados pela mãe ao bebê são definidos por Guerra como objetos tutores. Esses objetos assumem o lugar de terceiro no contato afetivo da dupla:

> *Já não é o corpo materno a zona privilegiada de contenção e prazer com o bebê nem o próprio corpo do bebê por meio de seu autoerotismo, e sim o deslocamento da libido que busca no espaço os objetos, os brinquedos, o espaço transicional, que une e separa a mãe e seu bebê.* (Guerra, 2015, p. 10, tradução nossa)

Com o intuito de explicitar a função dos objetos tutores na constituição subjetiva do bebê, Guerra recupera a definição da palavra "tutor" no dicionário:

> *1) Vara ou estaca que se finca junto a uma planta para mantê-la direita em seu crescimento.*
>
> *2) Exercer tutela: que guia, ampara ou defende. Autoridade a quem, na ausência paterna ou materna, confere-se os cuidados de pessoas ou bens de alguém que, por ser menor de idade ou por outro motivo, não tem completa capacidade civil.* (2010b, p. 9, tradução nossa)

Como assinala o autor, a estaca oferece sustentação para que o bebê possa se distanciar da mãe-terra à medida que se desenvolve.

"Assim, a estaca teria uma função muito importante para que a planta não se incline para os lados ou não se curve em direção à mãe-terra" (Guerra, 2010b, p. 9, tradução nossa). Já a segunda definição marca a responsabilidade do tutor na ausência dos pais, já que é quem assume os cuidados com o filho – e aqui podemos incluir também os cuidados em relação à constituição intersubjetiva do bebê quando se encontra só.

Os objetos tutores são originados de uma criação conjunta entre a mãe e o bebê. Por isso, podem ser variados e carregam a marca de serem coapresentados e codescobertos pela dupla mãe-bebê. Desse modo, os objetos tutores não podem ser confundidos com objetos transicionais que, por definição, são objetos únicos e escolhidos pelo próprio bebê.

A criação conjunta do objeto tutor é evidenciada pelo modo como a mãe injeta vida por meio do olhar que dirige ao objeto, pelo modo como cria histórias e brincadeiras com o filho por meio desse objeto. Dessa maneira, o objeto tutor torna-se testemunha do encontro afetivo entre o bebê e a mãe, já que guarda o registro desse encontro. Guardando as lembranças do momento de troca com a mãe, esse objeto transmite a experiência de continuidade de um cuidado, possibilitando ao bebê manter-se tranquilo na ausência materna (Guerra, 2014, parte 2, p. 8). Assim, o objeto tutor não pode ser confundido com o objeto transicional, mas ocupa o *espaço transicional*, já que paradoxalmente une e separa o bebê da mãe. Segundo Guerra:

> Esse objeto [tutor] foi tocado, narrado, foi envolto pelo olhar atento da mãe, e será pela presença do objeto que [o bebê] poderá tolerar a ausência materna. Por isso, postulamos a ideia de que a capacidade para estar só, que postulava Winnicott, não é somente estar só "em

presença da mãe", mas sim a capacidade para estar só na presença de objetos tutores, que são testemunhas do encontro com a mãe e tornam mais tolerável sua ausência. (2014, parte 2, p. 8-9, tradução nossa)

Esses objetos despertam ainda a atenção psíquica do bebê, incentivando a postura investigativa e exploratória do ambiente, o que também auxilia no processo de separação em relação ao corpo da mãe. Desse modo, os objetos tutores são facilitadores do desenvolvimento da simbolização no bebê. Guerra considera que a natureza de permanência e de continuidade que os objetos sustentam, contrapondo-se à natureza de impermanência-descontinuidade dos seres humanos, oferece um continente seguro e sob controle do bebê, criando condições favoráveis para a capacidade de simbolização.

Roussillon afirma que "os processos psíquicos têm a necessidade de serem materializados, ao menos transitoriamente, em uma forma perceptível para receber [posteriormente] uma forma de representação psíquica, uma forma de autorrepresentação" (2004 apud Guerra, 2014, parte 2, p. 7, tradução nossa). Com efeito, Guerra defende a perspectiva de que, para que a criança seja capaz de elaborar a ausência da mãe de forma tolerável, primeiramente, precisa vivenciar a separação do corpo da mãe na presença dela. E esse processo de separação em presença acontece por meio da disposição lúdica materna, a qual introduz trocas não corporais com o bebê e cria com ele os objetos tutores. Tendo isso em vista, observamos que, para esse autor, a capacidade de simbolização se dá antes de tudo como um *trabalho em presença*.

Revisitando o jogo do *Fort/Da*, Guerra levanta alguns questionamentos interessantes partindo da proposição de que a simbolização, antes de tudo, é um trabalho em presença. De acordo com ele:

> [...] como esse processo [a criação do jogo do Fort/ Da] é gestado no bebê? De onde ele poderia adquirir esse recurso? Pode um bebê desenvolver um processo de deslocamento de representações, de metaforizações, sem vivê-lo em presença de outro, que em algum momento coconstruiu com ele um espaço de jogo? Definitivamente, pode o bebê realizar um trabalho de elaboração intrapsíquica na ausência do objeto, sem antes ter transitado alguma forma de encontro intersubjetivo em presença simbolizante? [...] Freud (1920) afirmava que era o primeiro jogo autocriado. Terá sido totalmente autocriado ou tinha alguma margem de heterocriação? (Guerra, 2013, p. 15)

Colocando sob suspeita a autocriação do jogo do *Fort/Da*, Guerra sinaliza a presença do próprio Freud como observador da brincadeira do neto, assumindo possivelmente a posição de coparticipante no jogo. Para o autor, teríamos de minimamente levar em consideração a atenção psíquica de Freud voltada para o jogo de Ernest. Esses aspectos não se mostram como meros detalhes quando nos debruçamos sobre os estudos acerca do *Fort/Da* e do processo de simbolização, na medida em que não podemos ignorar a presença do adulto cuidador no princípio da criação e da elaboração desses processos.

Guerra retoma, então, o caso do menino do cordão de Winnicott (1975),[15] comparando-o à presença de Freud no jogo do *Fort/Da*. O menino do cordão, ao contrário de Ernest, não contava com um observador atento para suas produções, e o que pudemos acompanhar do seu processo foram falhas importantes na simbolização. Segundo Guerra, a palavra e o olhar de um observador atento, que teria oferecido suporte psíquico para o trabalho de representação da simbolização, faltaram ao menino do cordão (2013, p. 18). Na ausência da palavra e do olhar do outro, o gesto do menino perdeu-se do processo de simbolização. O autor aponta uma "falha a partir do polo da presença frente à ausência de palavra, de jogo e de atenção psíquica do outro que habilitem um espaço de simbolização no plano intrapsíquico" (2013, p. 18). Ainda nas palavras de Guerra: "Winnicott (1975), reconhecendo a evolução negativa do caso, dizia que o cordão, ao ser parte de uma negação da separação, passava a ser uma coisa em si [objeto fetiche]. Desse modo, perdeu sua densidade simbólica e sua riqueza elaborativa" (2013, p. 18).[16]

Tendo em vista as situações expostas anteriormente e a afirmação de que a simbolização é um trabalho em presença, Guerra nos remete à clínica e à presença do analista diante do brincar de seu paciente:

> *Ali também a criança joga, a criança fala, a criança se expressa, mas, quer o analista interprete, quer fique em silêncio, a criança sabe que o analista está observando, pensando, participando e mantendo (em sua assime-*

---

15 Trata-se de um paciente de 7 anos atendido por Winnicott, em 1955, e apresentado no livro *O brincar e a realidade* (Winnicott, 1975, p. 31-37).
16 No capítulo 2, temos oportunidade de aprofundar a discussão a respeito do objeto fetiche.

tria abstinente) um espaço de enigma, base do trabalho da transferência. [...] O trabalho em presença não implica em estar no papel de satisfazer as necessidades, de apoio egoico. É um trabalho que anda ao lado do trabalho de ausência, mas por sorte, para o paciente (e para o analista), existe o hífen, a entreidade, o sinal alheio de outra ordem que, separando, une e que, unindo, separa. (2013, p. 19)

Nesse sentido, esperamos ter esclarecido a importância da disponibilidade lúdica da mãe para a constituição subjetiva do bebê. A mãe tem um lugar privilegiado no processo em que o bebê torna-se sujeito, já que cria as condições intersubjetivas estruturantes para que o filho possa separar-se do seu corpo e interessar-se pelo mundo à sua volta.

Indicadores intersubjetivos no primeiro ano de vida do bebê

Guerra formulou uma grade de avaliação intersubjetiva do primeiro ano de vida dos bebês, embasada em interações espontâneas e cotidianas de duplas mãe-bebê, filmadas no ambiente de suas casas. Essa grade de avaliações que ilustram as conquistas da dupla mãe-bebê foi distribuída, de forma esquemática, em onze importantes indicadores intersubjetivos. Esses indicadores nos orientam como um guia pelo desenvolvimento subjetivo do bebê, sinalizando as expectativas para cada etapa desse processo. Com base na referência oferecida por essa grade de avaliação, podemos identificar precocemente os sinais de sofrimento psíquico indicativos da pertinência de uma atenção psicanalítica pontual em um momento privilegiado de constituição intersubjetiva – a intervenção psicanalítica nesses casos deve acontecer na relação entre a dupla mãe-bebê.

A identificação do sofrimento psíquico no bebê, em tempo de constituição intersubjetiva, previne a consolidação de quadros de patologias mais graves na infância, como o autismo. Tendo isso em vista, apresentamos a seguir os onze indicadores intersubjetivos.

Encontro de olhares

O contato olho no olho entre a dupla está presente antes dos dois meses de vida do bebê e vai ser a base para todo o processo de desenvolvimento intersubjetivo que vem a seguir. O encontro de olhares entre a dupla é propiciado pela sustentação corporal que a mãe oferece ao pequeno no momento da amamentação, por exemplo. Marcar a troca de olhares como um indicador esperado antes dos dois meses é importante já que sua ausência pode ser um sinal de alerta. O bebê em risco no seu desenvolvimento subjetivo pode apresentar desde muito cedo algum tipo de recusa ao contato visual. Outro fator agravante da situação de risco para a constituição subjetiva é quando a mãe não percebe a ausência do olhar no bebê.[17]

A soma dessas situações indica precocemente que a relação intersubjetiva da dupla não vai bem e que, se não receberem os devidos cuidados, pode comprometer a constituição subjetiva do bebê. A ausência da troca de olhares entre a dupla é um dos indicadores de risco para a instauração do autismo.

---

17 Laznik (2004) apontou essa situação como um indicador de risco para o desenvolvimento do autismo. Aprofundamos esse ponto no Capítulo 2.

Protoconversações

São definidas como sons produzidos pelo bebê e tomados pela mãe como uma forma de comunicação. À medida que a mãe responde a esses sons, o bebê pode se sentir estimulado a dar continuidade a essa interação. Este indicador pode ser observado a partir dos dois meses.

Como no item anterior, aqui também já podemos observar se a mãe é capaz de tomar as produções do bebê como forma de comunicação. Por meio dessa "loucura necessária" – como proposto por Winnicott – a mãe supõe um sujeito no seu bebê que quer se comunicar com ela. Isso é fundamental para que possa de fato vir a assumir sua condição de sujeito. A suposição de sujeito no bebê é a condição *sine qua non* para o aparecimento dos próximos indicadores intersubjetivos.

Capacidade imitativa

Está presente desde as primeiras horas após o nascimento. Influenciado por Winnicott, Guerra traz a perspectiva de que a imitação se apresenta como uma das primeiras formas de constituição do eu. O rosto materno se oferece como um espelho para o bebê, onde pode ver refletida sua própria imagem, sintonizada às suas emoções. Assim, a imitação torna-se um aspecto fundamental para a construção do verdadeiro *self* e da regulação dos afetos (Guerra, 2014, parte 1, p. 26, tradução nossa).

Guerra ainda afirma que o jogo de imitação cara a cara tem o potencial de promover na dupla algo muito profundo e íntimo:

> [Eles] *se tocam com um ato imitativo, que é uma forma de incorporar o outro, deixá-lo alojar-se em seu próprio corpo, em um movimento de aproximação que*

dará logo lugar a uma introjeção da experiência e uma possível separação, já que a experiência é muito breve. (2014, parte 1, p. 26, tradução nossa)

Jogos de cócegas e de surpresa

Este indicador intersubjetivo está profundamente vinculado à disposição lúdica da mãe. As brincadeiras que envolvem cócegas e surpresa estão presentes em muitas das cantigas infantis, que podem ser acompanhadas por movimentos com as mãos. Essas cantigas infantis promovem no bebê a experiência de integração sensorial, já que envolvem simultaneamente vários estímulos – visuais, auditivos, táteis (cócegas), de movimento e de surpresa. Segundo Guerra: "Esses jogos seriam uma forma de introduzir algo inesperado, de modo mais tolerante. O jogo de cócegas é um exemplo de como a mãe faz do suspense um instrumento para a integração da surpresa como algo positivo" (2014, parte 1, p. 30, tradução nossa).

Além da integração sensorial, o ritmo das melodias infantis e a coreografia conhecida com as mãos ajudam o bebê a lidar, de uma maneira lúdica, com mudanças de posição de certos objetos, interrupções, desaparecimentos e aparecimentos. Como havíamos referido anteriormente, o ritmo compartilhado com a mãe oferece ao bebê a experiência de continuidade do cuidado materno mesmo em sua antecipável descontinuidade. Essa previsível interrupção do ritmo intersubjetivo abre espaço para o novo e para a criatividade.

As brincadeiras de cócegas e de surpresa que acompanham as cantigas infantis nada mais fazem do que encenar essas descontinuidades rítmicas de maneira lúdica e prazerosa para o bebê. Dessa forma, essas brincadeiras antecipam a experiência de separação da mãe, assim como a segurança de seu retorno, oferecendo suporte psíquico para a elaboração da dinâmica ausência-presença.

Esse indicador intersubjetivo pode ser observado entre três e cinco meses de idade.

Vocativos de atenção

A atenção é uma função psíquica construída intersubjetivamente. A mãe começa a perceber a atenção do bebê voltada para certos objetos e passa a incentivá-lo a explorar o ambiente, oferecendo suporte psíquico para que continue se interessando pelo espaço à sua volta. Este indicador intersubjetivo marca o início da introdução do terceiro elemento na relação da dupla mãe-bebê, fundamental para que o processo de simbolização possa ocorrer num momento posterior. A atenção começa a ser observada a partir do quinto mês.

Deslocamento pelo espaço e olhar referencial

O deslocamento pelo espaço e o olhar referencial aparecem concomitantemente à possibilidade de o bebê engatinhar pelo chão. Em um vínculo afetivo bem estabelecido, o bebê procura o olhar do adulto cuidador, ao se deslocar pelo ambiente, como termômetro de segurança e confiança para seus próprios movimentos pelo espaço.

No entanto, aqueles bebês que apresentam certa recusa ao contato visual com a mãe se lançam intensamente à exploração do ambiente, às novas experiências, sem esperar o apoio, a segurança e a confiança que podem ser buscados no olhar da mãe. Segundo Guerra (2014), esses bebês:

> *Parecem que se autossustentam na intensidade sensorial e muscular da experiência. Transformariam incerteza em intensidade, sem a possibilidade de metabolização psíquica, assentando assim as bases de uma*

forma de inquietude-hiperatividade que denominamos falso self motriz. (2014, parte 2, p. 3, tradução nossa)

Isso nos remete às crianças com autismo muito agitadas e que facilmente podem colocar suas vidas em risco, necessitando de vigilância constante. Elas não têm noção de perigo nem de cuidado consigo próprias, possivelmente porque não puderam estabelecer conjuntamente com a mãe o olhar referencial, que ofereceria os limites para assegurar o cuidado com elas mesmas.

Esse indicador intersubjetivo pode ser observado entre o quinto e o sétimo mês de vida.

Atenção conjunta e objeto tutor

A atenção conjunta pode ser definida pela alternância do olhar do bebê entre os objetos do ambiente e a mãe, com o intuito de compartilhar com ela o interesse por aqueles objetos ou demonstrar o desejo de tê-los nas mãos. Apresenta-se como desdobramento mais complexo do indicador intersubjetivo de vocativos de atenção e pode ser tomada como forma de comunicação não verbal entre a dupla mãe-bebê, visando à exploração e ao descobrimento do mundo.

Para Guerra (2014, parte 2, p. 4), faz-se necessária a distinção entre atenção conjunta transicional e atenção conjunta operatória. Esta última aparece nas situações em que a mãe pode captar a atenção do bebê por algum objeto do ambiente, mas não introduz uma situação lúdica nem narratividade em relação àquele objeto. Essa mãe mostra-se atenta ao bebê, mas não pode colocar em cena sua disposição lúdica. Já a atenção conjunta transicional é observada em mães que têm recursos psíquicos para injetar conteúdos lúdicos, histórias e canções na exploração do objeto, permitindo a abertura para um espaço intersubjetivo. O autor considera que a interação por meio da atenção conjunta transicional permite ao bebê lançar-se à exploração de outros objetos, que passam a ter um valor especial no processo de simbolização (Guerra, 2014, parte 2, p. 5).

Se, por um lado, a atenção conjunta pode ser uma função psíquica esperada no desenvolvimento do bebê, por outro, é a disponibilidade lúdica da mãe que a torna transicional. Assim, compreendemos que somente a atenção conjunta transicional pode ser considerada como um indicador intersubjetivo, já que se refere a um investimento lúdico da mãe bastante importante na constituição subjetiva do bebê. Isso não quer dizer que a atenção conjunta operatória não se apresente em um desenvolvimento intersubjetivo saudável, mas que não deve tomar um espaço maior que a transicional nesse momento privilegiado do desenvolvimento subjetivo.

O objeto foco da atenção conjunta transicional é o objeto tutor, do qual falamos mais extensamente anteriormente. Assim, o objeto tutor ganha importância na estruturação psíquica do bebê por meio da atenção conjunta transicional, ou seja, da disponibilidade lúdica oferecida pela mãe.

A atenção conjunta transicional e o aparecimento do objeto tutor podem ser observados entre os seis e os nove meses de idade.

Jogo de esconde-esconde

Esse indicador intersubjetivo aparece associado à angústia dos oito meses. Essa angústia é observada quando o bebê se torna capaz de distinguir o rosto da mãe entre rostos estranhos e sua ausência provoca a sensação de abandono. Por diferenciar a mãe de outros adultos, o bebê passa a ter de lidar com a ausência materna, que anteriormente podia ser suprida pela presença de outro adulto. Apesar de a ausência da mãe ser sentida pelo bebê com grande angústia, ele passa a ter prazer com jogos de esconde-esconde ou cadê-achou com a mãe, em que pode encenar o desaparecimento da mãe e seu retorno. Guerra chama a atenção para o aspecto paradoxal do aparelho psíquico do bebê, que tenta elaborar a ausência da mãe por meio da repetição da encenação lúdica. Assim, essa ausência pode ser dominada pelo psiquismo do bebê. Por outro lado, a brincadeira também tem efeitos intersubjetivos na mãe, pois, à medida que faz a pergunta em voz alta "cadê o bebê?", abre espaço para o aparecimento de algo enigmático e desconhecido no filho – um sujeito diferente e separado dela.

O júbilo do reencontro entre mãe e bebê se dá pelo reencontro visual e pelo contato corporal, permeado pela sintonia afetiva e pelo ritmo compartilhado, que oscila entre a previsibilidade e a surpresa. Essa alternância rítmica nos remete novamente ao aspecto estruturante da descontinuidade do ritmo compartilhado e à abertura para a novidade. A experiência do jogo dá mostras ao bebê de que suportar a ausência do objeto pode trazer recompensas prazerosas.

Essa brincadeira também possibilita a troca de lugares, de modo que o bebê pode esconder-se da mãe e deixá-la na expectativa do seu retorno.[18] Essa ideia é trabalhada por Laznik (2004) por meio do conceito de terceiro tempo do circuito pulsional, momento da constituição subjetiva em que o bebê se oferece como objeto de desejo para o Outro. Essa capacidade está ausente nas crianças com autismo ou com sinais de risco de desenvolvimento desse transtorno.

Sintonia afetiva

Entre o nono e o décimo segundo mês de vida, o bebê passa a expressar emoções de surpresa e alegria por meio de gritos

---

18 Na seção em que tratamos de Ricardo Rodulfo, vimos a importância do exercício de separação do corpo e do olhar da mãe para o bebê.

e balbucios. Por sua vez, o adulto, sintonizado com o bebê, passa a responder às suas interações pela mesma intensidade afetiva, mas utilizando outra via de comunicação, a linguagem verbal. O uso da comunicação verbal pelo adulto como forma de resposta às expressões emocionais do bebê ajuda o pequeno a descobrir e a estabelecer outras vias de comunicação mais elaboradas, construindo aos poucos o processo de simbolização. Nas palavras de Guerra: "Assim o bebê vai descobrindo progressivamente que as coisas que sente podem ser expressas por vias diferentes, sendo um ponto fundamental da construção dos processos de simbolização" (2014, parte 2, p. 13).

Este indicador intersubjetivo nos apresenta a ideia não só de que bebês podem compartilhar suas emoções com um adulto como também assinala o papel fundamental do adulto na introdução da palavra como resposta sintonizada emocionalmente com o bebê. Estamos nos referindo à introdução do bebê no campo da linguagem compartilhada, essencial para que possa alcançar a capacidade de simbolização e desenvolver a fala como forma de comunicação.

Interludicidade

Por volta dos oito meses, o bebê torna-se capaz de compartilhar os objetos com o meio social, estabelecendo relações mais complexas do que a estabelecida com a mãe. Essas relações mais complexas envolvem um número maior de participantes, de modo que o bebê já é capaz de identificar e levar em conta o desejo do outro na criação da brincadeira. A capacidade de o bebê tomar o outro como parceiro numa situação lúdica foi denominada por Guerra como interludicidade. O autor chama a atenção para a importância da ausência do contato físico nas situações de interludicidade entre adulto e criança. O jogo pode se sustentar pela palavra e pela interação por intermédio de um objeto.

Novamente, a disposição lúdica do adulto se destaca e favorece o estabelecimento dos jogos, inclusive com o uso de expressões verbais. O adulto pode exagerar nas expressões faciais e nos gestos, permitindo ao bebê reconhecer o tom de brincadeira que envolve aquele momento.

Assinalamento protodeclarativo e narratividade conjunta

O último indicador intersubjetivo do primeiro ano de vida aparece com a aquisição da marcha, que ocorre em torno dos doze meses. A liberdade e a autonomia conquistadas pelo bebê ao caminhar apresentam a ele um novo mundo. Também nessa idade, o bebê começa a desenvolver o movimento de apontar em direção a algo, compartilhando o interesse de suas descobertas – assinalamento protodeclarativo, como denominado por Guerra. Tal gesto estimula a pulsão epistemofílica e a narratividade conjunta. Por meio do compartilhamento do interesse com a mãe, que, por sua vez, reconhece e acolhe o interesse de seu filho, o bebê pode estabelecer a narratividade conjunta com ela, expressando-se por gestos corporais e balbucios. A narratividade conjunta, que aparece nessa idade como um indicador, é a consolidação de um processo que percorre, desde as protoconversações e a introdução das palavras na troca com o bebê, todo o desenvolvimento intersubjetivo.

A conquista do assinalamento protodeclarativo torna-se evidente quando percebemos que nem todas as crianças desenvolvem essa capacidade. Crianças com autismo que apresentam um desenvolvimento subjetivo bastante precário frequentemente usam a mão do adulto como instrumento para alcançar o objeto de interesse; para alcançar esse objeto, podem ainda escalar o próprio corpo do adulto caso esteja no caminho, como se fosse um móvel que pudessem escalar ou sobre o qual pudessem se debruçar. Em quadros de autismo menos precários, as crianças muitas vezes podem comunicar o interesse por objetos apontando em sua direção, mas não têm a intenção de compartilhá-lo. Contudo, a presença do gesto de assinalamento, mesmo que não seja usado como forma de dividir o interesse, já pode ser tomada como indicativo de que a criança não está identificada de forma adesiva ao objeto.

Nas duas situações retratadas, o tratamento psicanalítico busca tornar mais próxima a abertura ao outro e ao brincar compartilhado, como podemos acompanhar no capítulo 3.

Diante do exposto, é possível perceber como Guerra nos oferece importantes referenciais do desenvolvimento intersubjetivo, essenciais para a avaliação e a indicação de intervenção precoce no bebê que passa por alguma perturbação em sua constituição subjetiva.

O lugar do brincar no tratamento psicanalítico

As exposições teóricas deste capítulo nos permitem discutir o papel constitutivo do brincar anterior ao jogo do *Fort/Da* e a importância da mãe, ou de quem ocupa essa função, no processo de subjetivação.

Como vimos, Freud articula os primeiros cruzamentos entre o brincar e a constituição subjetiva, assinalando a elaboração psíquica presente no jogo do *Fort/Da*, por meio da qual a criança pode transformar a vivência passiva da partida da mãe numa experiência ativa, fazendo-a partir ou fazendo a si mesmo partir. Tendo isso em vista, o *Fort/Da* também é compreendido como precursor da capacidade de simbolização, já que traz as condições para que a criança possa estabelecer substitutos simbólicos para a figura da mãe.

Essa perspectiva do brincar como processo potencialmente constitutivo abriu espaço para que outros aprofundamentos pudessem ser realizados entre a constituição subjetiva e o brincar. Na esteira dessas formulações pudemos acompanhar as produções teóricas de Winnicott, Rodulfo e Guerra, que exploraram intensamente o aspecto constitutivo do brincar. Os três autores propuseram o reposicionamento do jogo do *Fort/Da* no processo de desenvolvimento subjetivo, já que entendiam que a elaboração simbólica presente naquele jogo deveria ser considerada como uma das últimas formas que o brincar constitutivo potencialmente assumia ao longo do desenvolvimento do bebê – antes que se possa chegar à capacidade de simbolização, há um árduo caminho constitutivo a ser percorrido pelas experiências mais fundamentais e primitivas do brincar.

Reposicionando o jogo do *Fort/Da* na constituição subjetiva, os três autores apresentam uma compreensão conceitual ampla do brincar, a qual não se restringe ao sentido simbólico nem ao jogo de faz de conta, mas abarca o entendimento de que o brincar constitutivo pode estar presente desde os primeiros momentos de interação da dupla mãe-bebê. Winnicott trata do brincar de onipotência do bebê sobre o mundo sustentado pela mãe. E é por esse mesmo brincar primitivo com a mãe, apoiado nos objetos e fenômenos transicionais, que a criança descobre o mundo sobre o qual não exerce controle absoluto e em relação ao qual mantém uma existência separada. Rodulfo, por sua vez, propõe a ideia de que a mãe oferece as condições psíquicas e ambientais para que o bebê possa, brincando, formar superfícies de continuidade com o ambiente e, seguindo pelo brincar reassegurado pela mãe, o bebê chega à diferenciação entre eu e o outro. Por fim, Guerra assinala a dimensão lúdica que permeia o encontro estruturante do bebê com a mãe por meio do estabelecimento de um ritmo compartilhado que permeia a troca de olhares, as comunicações e a apresentação do mundo. Como pudemos acompanhar acima, cada um desses autores vai pensar o processo de constituição subjetiva por meio das diversas formas assumidas pelo brincar.

Assim, reconhecendo a importância do brincar como fio condutor do complexo processo de constituição subjetiva, como afirma Rodulfo, chegamos ao nosso ponto crucial neste livro: quando a criança não desenvolve a capacidade de brincar, demonstrando, consequentemente, perturbações correspondentes em sua constituição, o que a clínica psicanalítica pode oferecer a essa criança?

Nessas situações em que o brincar está ausente e, em consequência, a condição subjetiva encontra-se em xeque, cabe ao analista desenvolver a capacidade para o brincar, como disse Winnicott. De acordo com isso, o analista pode ocupar o lugar de Outro primordial, oferecendo-se como suporte para que a constituição subjetiva possa se desenvolver[19] durante o encontro analítico com a criança. Com isso, estamos afirmando que no espaço do *setting* o analista assume algumas das funções maternas constitutivas.

A base do trabalho psicanalítico com crianças com autismo se dá por meio da sintonia afetiva, como abordamos neste capítulo e no seguinte. Isso significa que o analista que atende crianças com autismo precisa ter aguçada sua sensibilidade empática com a criança, podendo colocar-se no lugar dela, sentir os mesmos afetos, para que possa ajudá-la a entender e nomear suas próprias

---

19 Com isso, não queremos dizer que o analista deva assumir o lugar da mãe na vida do paciente fora do *setting* analítico. O papel da mãe – de maneira geral, o papel dos pais – precisa ser preservado e reassegurado a quem de direito, já que sem o apoio da mãe e do pai o tratamento psicanalítico se torna inviável.

emoções e angústias, introduzindo o campo da palavra, dando nome ao que até então era inominável.

Dessa forma, o analista pode conhecer e reconhecer – eventualmente, pode ajudar a criar – o ritmo próprio daquele paciente, identificando o momento da aproximação, o tempo de espera e o instante de propor desafios. O analista pode ser aquele atento ao interesse oblíquo e sutil da criança por algum objeto, assim como aquele que apresenta objetos à criança, propondo novas formas de exploração. Pode ser aquele que se encanta com certa beleza dos movimentos estereotipados produzidos pela criança; também pode ser quem interrompe o brincar estereotipado com uma surpresa; pode ser aquele que faz as próprias mãos dançarem ao ritmo da cantiga, mostrando para a criança que o contato com os objetos e com as pessoas não exige tanta rigidez. O analista pode ser aquele que, valendo-se de sua disposição lúdica, transforma o objeto autístico em objeto tutor, injetando histórias, cantigas, brincar compartilhado. Pode ser quem aos poucos introduz a realidade compartilhada no contato com a criança.

Com base nessas breves e insistentes intervenções lúdicas, o analista pode testemunhar, lenta e pacientemente, o nascimento de um sujeito por meio do brincar constitutivo. Desse modo, o tratamento psicanalítico é um lugar privilegiado e potente para dar continuidade à constituição subjetiva. Nesse processo, o brincar se mostra fundamental.

Considerações sobre a técnica na clínica psicanalítica de crianças com autismo

demora

algumas coisas demoram. moram mais tempo, saem do tempo. nos observam, incuriosas e um pouco displicentes. poderiam perguntar-se: "será que ele(ela) vai aguentar esperar?" mas nem isso se perguntam. aguardam aconchegadas na morada dos dias, dos meses, dos anos, até chegar sua vez de acontecer. não têm pressa. deixam--nos aflitos e talvez até se divirtam com nossa ansiedade. é preciso olhar para elas, lá no alto da montanha, na rachadura de uma rocha, no fundo da terra onde elas costumam ficar até chegarem aqui, e fitá-las calmamente, no máximo, murmurar: "está bem, coisa. eu espero por você."

Quando nada está acontecendo, Noemi Jaffe

Linhas cruzadas: o que a relação mãe-bebê pode ensinar à clínica psicanalítica do autismo?

Como pudemos acompanhar no capítulo anterior, a relação entre a mãe e o bebê pode ser tomada como referência para o analista no atendimento de crianças com autismo, já que o papel do terapeuta nessa clínica muitas vezes é o de oferecer suporte para o processo de constituição subjetiva do paciente. Contudo, essa tarefa analítica não é tão simples.

Os profissionais que atendem crianças com autismo conhecem o sentimento de vazio e de inexistência que facilmente se impõe no contato com elas. A ausência do olhar ou de qualquer sinal de que a criança percebeu alguém no mesmo ambiente e a preferência absoluta por objetos inanimados (Alvarez, 1994) arremessam os terapeutas em um profundo estranhamento e uma solidão que podem dificultar qualquer aproximação empática com a criança.

Abordando essas dificuldades no atendimento de crianças com graves distúrbios psíquicos, Luciana Pires (2007) aponta que o analista, justamente pela dificuldade de se aproximar emocionalmente dessas crianças, pode incorrer no risco de não atribuição de subjetividade, já que se vê diante de pacientes tão diferentes em relação ao próprio analista – e poderíamos acrescentar: por esses pacientes serem tão indiferentes ao analista. Segundo a autora, "a clínica psicanalítica fica assim impedida: o analista encara o autista como um dessemelhante e põe-se em posição autista, não se deixando afetar pelo paciente" (Pires, 2007, p. 42).

A atribuição de subjetividade nos leva aos momentos mais iniciais da relação mãe-bebê. A mãe, apropriada de sua função, diante do bebê que chora e ainda não é capaz de se comunicar, faz um exercício intuitivo e empático de se pôr no lugar dele, de *sentir com ele*, tentando perceber suas necessidades. Assim, a mãe supõe certo incômodo em seu filho e tenta dar conta disso: oferece ao bebê o seio, quando acha que ele está com fome, o colo, quando imagina que ele esteja precisando de um acolhimento, a troca de fraldas etc. Esse exercício de intuição e empatia só pode ocorrer por meio da suposição da mãe de que seu bebê chora com a intenção de comunicar algo a ela, ainda que o bebê não possa, ele mesmo, saber do que precisa. Sabemos quanto essa "loucura necessária da mãe" (Winnicott, 2000 [1956]) é fundamental para o desenvolvimento psíquico do bebê. Como vimos no capítulo anterior, tal sintonia fina entre a mãe e o bebê permite que o pequeno possa vivenciar momentos de ilusão de onipotência que são estruturantes num tempo precoce do desenvolvimento emocional. As falhas ambientais naqueles primeiros tempos de constituição intersubjetiva podem perturbar o processo de integração do *self* do bebê.

Com base nisso, retomamos a importância da atribuição de subjetividade na clínica com crianças com autismo. Em tal prática, o analista precisa, muitas vezes, *enlouquecer* um pouco, nos termos de Donald Winnicott, pois, se não puder ir além do vazio, da repetição e da concretude que se impõem no laço com essas crianças, não poderá ajudá-las a se movimentar psiquicamente, retomando ou inaugurando uma relação de constituição intersubjetiva.

No entanto, a loucura necessária do analista precisa estar sintonizada com as necessidades do paciente, assim como a sintonia fina entre a mãe e seu bebê. Não se trata de qualquer incômodo quando um bebê se põe a chorar, e cabe à mãe a tarefa de decifrá--lo. Da mesma maneira, o analista precisa estar empaticamente vinculado ao paciente para que possa compreendê-lo e oferecer--lhe algo de acordo com essa comunicação íntima estabelecida entre a dupla, pois, caso contrário, perderia o paciente de vista e estaria sozinho no tratamento analítico.

Essa discussão nos leva ao conceito de tato psicológico trabalhado por Sándor Ferenczi (1992). O tato psicológico pode ser definido pela expressão alemã *Einfühlung*, que significa a faculdade de "*sentir com* o paciente", remetendo-nos ao conceito de empatia. Daniel Kupermann, referindo-se à *Einfühlung*, assim como tratado por Ferenczi, define que se trataria "assim, de uma modalidade sensível de conhecimento, na qual se podem experimentar sensações e afetos vivenciados no encontro com a alteridade por meio da abolição momentânea das fronteiras estabelecidas entre o sujeito e objeto, eu e o outro" (2008, p. 179).

Apoiado nessa definição, Kupermann apresenta a noção de que a empatia ou o "sentir com" traz para a clínica a questão da disponibilidade para o encontro com a alteridade. O autor trabalha com a diferenciação fundamental entre resistência *ao* encontro afetivo e resistência *no* encontro afetivo. A resistência *ao* encontro afetivo refere-se à recusa dos modos de afetação na relação transferencial, tanto do paciente em direção ao analista como do analista em direção ao paciente. Já a resistência *no* encontro afetivo apresenta a abertura para que os modos de afetação façam parte da relação analítica, permitindo ao analisando sentir verdadeiramente a presença do analista. O conceito de empatia está relacionado à disponibilidade emocional do terapeuta para se abrir à resistência *no* encontro afetivo.

A questão da empatia na relação entre analista e paciente é muito cara à clínica psicanalítica do autismo e foi discutida por vários autores dentro da psicanálise. Pires (2007) afirma que Colwyn Trevarthen define autismo como um distúrbio de empatia e da intersubjetividade primordial. Dessa maneira, faltaria às pessoas com autismo a capacidade de se colocar no lugar do outro. Reforçando a associação entre o distúrbio de empatia e o autismo, Marie-Christine Laznik (2013) retoma a proposição de Adam Smith, segundo a qual os seres humanos teriam duas formas independentes de empatia, a cognitiva e a emocional:

> A primeira, que ele [Adam Smith] nomeia de cognitiva, permitiria traduzir pela linguagem o que acontece para o outro, o que é parecido, e de predizer o que vai ser feito. As pessoas munidas de um bom nível de empatia cognitiva podem representar o estado psíquico de seus semelhantes. A outra empatia, emocional, seria vista de maneira puramente qualitativa. Porém, segundo Smith, será também uma empatia emocional secundária à empatia cognitiva, que permite representar o estado emocional do outro e de responder de maneira adequada. Mas quando a dimensão cognitiva da empatia não é presente para contrabalançar o efeito da empatia emocional, o sujeito pode se sentir invadido pelos afetos, que ele não pode reconhecer, vindo do outro. (Laznik, 2013, p. 228)

A hipótese defendida por Smith é de que a pessoa com autismo apresenta déficit na empatia cognitiva, mantendo, contudo, bom desenvolvimento da empatia emocional. Desse modo, é capaz de sentir afetos, sensações e estados emocionais, mas não pode discriminar a origem desses afetos, tanto dos pertencentes a ela como dos pertencentes a outros. Assim, os indivíduos com autismo não estão protegidos da:

> [...] avalanche de excitações, incontrolável pelo seu aparelho psíquico, para a qual a solução é fechar as portas das percepções visuais e auditivas e fugir de toda a situação que possa gerar um tipo de invasão afetiva.

Eles se fecham tanto que dão a impressão de não terem empatia. (Laznik, 2013, p. 228-229)

A experiência clínica ratifica a hipótese de que a empatia emocional se mostra intacta nas crianças com autismo, enquanto a empatia cognitiva está comprometida.

Uma situação clínica que vivenciei ilustra essa questão. Antônio tinha muita dificuldade de lidar com o encerramento das sessões. Quando eu anunciava o fim do nosso encontro, ele era invadido por uma avalanche de frustração que o levava a um extremo descontrole emocional. Ele se agitava, começava a chorar e a gritar tão alto que todas as pessoas que estavam nas dependências da clínica podiam ouvi-lo. Dessa maneira, lidar com o término das sessões tornou-se um ponto importante a ser trabalhado terapeuticamente. Contudo, a reação de Antônio me deixava tão perturbada que, muitas vezes, eu mesma me via muito aflita e agitada, antecipando mentalmente o difícil momento do encerramento. Isso não passava despercebido a Antônio, que parecia captar intimamente minha aflição, demonstrando essa percepção por meio da crescente agitação diante da proximidade do fim da sessão. Só pude ajudá--lo a dar algum contorno a essa avalanche de emoções quando me dei conta do quanto minha aflição interferia no trabalho com ele e, inversamente, do quanto era organizador que eu me mantivesse tranquila e confiasse num término suportável de sessão.

A clínica psicanalítica impõe ao analista, mais do que qualquer outra clínica, grande disponibilidade emocional no contato com os pacientes. Para Pires, "manter-se ausentemente disponível não se faz produtivo no trabalho com crianças autistas que recusam o contato, elas mesmas radicalmente enigmáticas, irredutíveis, inacessíveis e inapreensíveis" (2007, p. 52). Arriscamos dizer que o analista trabalha em dobro nessa clínica; precisa investir a sua parcela emocional no tratamento e emprestar o que falta ao paciente.

Na esteira desse "empréstimo" feito pelo analista à criança, retomamos os conceitos apresentados por Anne Alvarez (1994) sobre reinvindicação e reclamação na clínica psicanalítica do autismo, sustentadas como funções do analista que se mantém como uma companhia viva. Assim como o conceito de atribuição de subjetividade, as atividades de reclamação e reinvindicação também podem ser identificadas na relação estabelecida entre mãe e bebê. A autora define a reinvindicação como aquela situação em que as mães se põem a interagir com seus bebês, promovendo momentos de surpresa e interesse. A mãe reivindica a atenção do seu bebê e, com base nisso, ele pode compartilhar pequenas situações prazerosas com ela. A mãe chama a atenção do bebê para si mesma, falando com ele ou tocando-o. Também pode reivindicar a atenção do bebê para a interação com um objeto,[1] libidinizando a brincadeira do bebê com esse brinquedo. Já a função de reclamação trata de situações em que a mãe identifica certo grau de depressão no bebê e põe-se a transmitir a ele sua preocupação e sua devoção em compreendê-lo, podendo realmente ajudá-lo a sair desse estado deprimido.

As atividades de reclamação e reivindicação apresentam-se como ferramentas essenciais para a clínica do autismo, oferecendo sustentação para que o analista de fato permaneça como uma companhia viva para o paciente. Para que essas crianças possam sair do mundo inanimado e experimentar as relações com seres animados, precisam de um adulto que esteja obstinado a trazê-las para o contato humano, que possa, por meio da reclamação, chamá-las à

---

1 Esse objeto pode ser reconhecido como o objeto tutor, como proposto por Victor Guerra no capítulo anterior.

vida e, valendo-se da reinvindicação, proporcionar momentos de surpresa e de interesse pelo mundo a sua volta.

A relevância dessa discussão nos remete a outro fragmento clínico que ilustra a importância da função de reivindicação da atenção do paciente na clínica do autismo.

Vitor tinha 6 anos quando mudou de terapeuta, iniciando seu tratamento comigo. A terapeuta anterior havia feito um árduo trabalho para conseguir que ele permanecesse nas sessões sem o pai. No entanto, com a mudança de terapeuta, tivemos de retomar essa dificuldade do início. Depois de algumas sessões na companhia do pai, finalmente arrisquei uma sessão a sós. Vitor aceitou ficar sem o pai, mas não quis entrar na sala. Assim, iniciamos esse nosso encontro no corredor das salas de atendimento. Vitor, que se encontrava num estado misto de apatia e indiferença por toda aquela situação, não se interessava por nenhum objeto apresentado a ele, até que uma centopeia movida a corda chamou sua atenção. Eu dava corda à centopeia, fazendo-a se movimentar em direção a Vitor. Ele acompanhava seu movimento com os olhos. No instante em que ela parava de andar, ele perdia o interesse por ela. Assim que a centopeia se movimentava novamente, voltava a se interessar. Até que, em dado instante, visivelmente interessado por ela, Vitor começou a dar corda à centopeia e passamos a nos alternar. Em certo momento, direcionei a centopeia rumo ao interior da sala de atendimento. E, para minha surpresa, lá se foi o Vitor atrás dela. E lá fui eu também, antes que ele mudasse de ideia. Fechei a porta da sala. Vitor percebeu toda a movimentação, mas não se incomodou, já que estava entretido com a centopeia. Passamos a brincar dentro da sala. Depois desse dia, ele não se opôs mais a ficar na sala na ausência do pai.

Baseados nesse fragmento, podemos perceber que a insistente reivindicação pela atenção de Vitor para a centopeia fez com que aceitasse o convite ao brincar, bem como certa aproximação da terapeuta por intermédio desse brincar.

A função de reclamação do analista na clínica do autismo mostra-se igualmente importante. A relevância das funções de reivindicação e reclamação torna-se ainda mais evidente se lembrarmos que estamos falando de crianças que facilmente se sentem vulneráveis, fragilizadas e perdidas diante da avalanche de emoções a que ficam sujeitas a qualquer momento. Tendo em vista a especificidade e delicadeza dessa clínica, bem como a hipótese sobre o déficit na empatia cognitiva, podemos acompanhar o alcance das proposições de Alvarez, a respeito da companhia viva e das funções de reclamação e reinvindicação, e de Pires, sobre o perigo da atribuição de dessemelhança pelo analista. Se esses pacientes, tão sensíveis à disponibilidade emocional do terapeuta, não podem sentir verdadeiramente a presença sensível do analista e a disponibilidade para o contato intersubjetivo, então, não pode haver esperança de mudanças.

Os paradoxos do brincar da criança com autismo

Partimos da constatação de que a criança com autismo apresenta sérias dificuldades para o brincar. No capítulo anterior, tratamos da íntima relação entre o brincar e a constituição intersubjetiva. Estamos prontos, agora, para tratar das especificidades do brincar na clínica de crianças com autismo.

As particularidades do desenvolvimento do brincar que podem levar a criança ao autismo são identificadas ainda nos primeiros tempos de vida de um bebê. Laznik (2004) chamou a atenção para um importante sinal de risco para o autismo presente muito precocemente: a capacidade de o bebê se fazer olhar[2] pela mãe, o que a autora denominou instauração do circuito pulsional.[3] Laznik observou, valendo-se de vídeos caseiros feitos pelas famílias, que as crianças diagnosticadas com autismo tinham sido bebês que não apresentavam capacidade de chamar para si o olhar da mãe; eram bebês incapazes de envolver suas mães numa troca prazerosa. Por meio das contribuições dessa autora, compreendemos a importância constitutiva de o bebê poder se envolver numa relação intersubjetiva com a mãe, ou com quem ocupa o lugar do Outro primordial, em que, por um lado, a mãe faz investimentos libidinais e sustenta expectativas e, por outro, o bebê corresponde à sua maneira a esses investimentos e expectativas. Estabelece-se entre a dupla uma comunicação muito íntima, que se for bem-sucedida é fonte de prazer compartilhado e de desenvolvimento intersubjetivo (Minerbo, 2015).

Essa relação bem estabelecida entre a dupla mãe-bebê assinala, além da capacidade empática de a mãe se colocar no lugar do bebê, a capacidade de o bebê saudável envolver a mãe numa situação afetiva prazerosa. Esses momentos de prazer compartilhado se estabelecem durante os períodos de amamentação, troca de fraldas, banho e pequenas interações do dia a dia da dupla. Assim, temos notícias de que, muito precocemente, o bebê pode experimentar com sua mãe uma relação lúdica de prazer compartilhado a serviço do importantíssimo exercício da constituição intersubjetiva.

A dificuldade no estabelecimento de uma relação de comunicação íntima e prazerosa com a mãe faz obstáculo a importantes conquistas intersubjetivas do bebê, essenciais para a formação de

---

2 Para além do contato visual, o olhar aqui engloba todos os investimentos, expectativas e surpresas que o bebê pode oferecer aos pais.
3 Abordamos esse tópico no primeiro indicador intersubjetivo da grade de avaliação de desenvolvimento, proposto por Guerra no capítulo anterior.

uma unidade psíquica e corporal e para o contato com a alteridade.

O bebê que exercita a separação do corpo da mãe pode experimentar a alternância entre ausência e presença do Outro primordial, abrindo o espaço fundamental para o desenvolvimento da capacidade simbólica.

Para Frances Tustin (1975; 1990), o saudável descompasso da relação primordial entre a mãe e seu bebê, decorrente da separação que gradativamente se impõe para a dupla, opera como motor do desenvolvimento psíquico no bebê. Contudo, no caso das crianças com autismo, esse espaço fundamental não permanece vazio, é obturado pelos objetos autísticos, impedindo a criança de exercitar a diferenciação entre eu e não eu. Os objetos autísticos são definidos por essa autora como aqueles que podem ser tomados pela criança como parte do próprio corpo e que são explorados de forma disfuncional, estereotipada e repetitiva. Segundo Tustin, "os objetos autistas parecem unir a brecha entre o par, de modo que a separação física não seja experimentada" (1990, p. 91).

Ainda sobre as implicações no desenvolvimento psíquico decorrentes do uso dos objetos autísticos, Tustin afirma:

> *Os objetos autistas trazem satisfação quase instantânea, e evitam a demora entre expectativa e percepção que, desde que o suspense possa ser tolerado, leva a atividades simbólicas e fantasias, memórias e pensamentos. Assim, a criança autista continua a viver de uma forma física, mas sua vida mental é massivamente restrita. (1990, p. 89)*

Trazendo uma comparação bastante interessante entre o conceito de objeto transicional de Winnicott e a definição de objeto autístico, a autora diz:

> *Para a criança, o objeto transicional é algo que ela distingue do próprio corpo, o que não faz com o objeto autístico, cuja função consiste exatamente em neutralizar toda e qualquer percepção da existência – demasiado intolerável e ameaçadora – de um 'não eu'. Ou, de outra forma, a existência (psicológica) do objeto autístico visa a obscurecer (fazer desaparecer) a quebra de continuidade, o espaço vazio que a criança sente em si, ao passo que a do objeto transicional não lhe afasta completamente a percepção do 'não eu', apenas a diminui. (Tustin, 1975, p. 76)*

Ainda poderíamos diferenciar o objeto autístico do objeto fetiche, de acordo com a perspectiva winnicottiana. Para chegarmos a essa distinção, primeiramente, faz-se necessária uma breve retomada da proposta por Winnicott (2000 [1951]; 1975) entre objeto transicional e objeto fetiche.

Retomando o que abordamos no capítulo anterior, o objeto transicional é a primeira possessão não eu da criança e, ao lado dos fenômenos transicionais, pertence à área intermediária entre a realidade subjetiva e a realidade compartilhada, sustentando a ilusão de onipotência do bebê sobre o mundo – que, nesse momento do desenvolvimento emocional primitivo, pode ser representado pela ilusão de posse do seio materno. Dessa forma, o objeto transicional permite à criança o exercício de separação entre eu e não eu na ausência da mãe, como afirmou Tustin anteriormente.

Winnicott entende que o objeto transicional torna-se até mais importante para a criança do que a presença real da mãe (1975, p. 20) e que o seu destino é ser gradativamente dessexualizado, perdendo o seu significado (1975, p. 19). Já em relação ao objeto fetiche,[4] o autor o restringe a fenômenos ligados à psicopatologia.[5] Para ele, o fetichismo é decorrência da dissociação precoce do ego, em decorrência de uma integração do eu malsucedida, causada por falha ambiental.

Nesse sentido, o uso do objeto fetiche vem a reassegurar a própria identidade do eu (Ferraz, 2002). Esse objeto sustenta para a criança o *delírio* de posse do seio materno (Winnicott, 2000 [1951], p. 330), diferentemente do objeto transicional que permite a ilusão de posse do seio materno. Dessa maneira, o objeto fetiche não possibilita à criança o exercício da diferenciação entre eu e não eu, como ocorre com o objeto transicional, já que está em função de uma defesa contra o medo de separação do corpo da mãe. O objeto fetiche "reveste-se de um valor ilusório que visa permitir a sobrevivência psíquica do sujeito: trata-se, em última instância, de uma defesa contra a psicose e a depressão" (Ferraz, 2002, p. 89). Apesar de não perder o significado para a criança com o tempo, o objeto fetiche não substitui a importância da presença real da mãe, evidenciando uma precariedade na relação com os objetos.[6]

---

4 Aqui, estamos frisando a perspectiva winnicottiana que compreende o fetichismo como uma psicopatologia de dissociação precoce do ego, decorrente de uma integração malsucedida decorrente de uma falha ambiental, portanto, anterior ao complexo de Édipo (Ferraz, 2002). É importante destacarmos essa diferença, já que, na perspectiva freudiana, o fetichismo é compreendido como uma dinâmica psicopatológica situada após o complexo de Édipo, uma vez que diz respeito à recusa que a criança sustenta diante da castração materna (Freud, 2006 [1927]).

5 Winnicott (2000 [1951]) dirige uma crítica ao trabalho do psicólogo russo Moshe Wulff, o qual, apesar de descrever fenômenos muito semelhantes àqueles que Winnicott define como objetos e fenômenos transicionais, utiliza expressões como "fetichismo" e "objeto fetiche" de uma forma indiscriminada. Segundo Winnicott, o uso da palavra fetiche e seus derivados deveriam ser restritos às manifestações patológicas.

6 No Capítulo 1, falamos brevemente cobre o menino do cordão atendido por Winnicott, em que se pode identificar no cordão a função de objeto fetiche.

Se o uso do objeto fetiche refere-se a uma dissociação precoce do ego decorrente de uma integração do eu malsucedida, o uso do objeto autístico anuncia um distúrbio no desenvolvimento do eu ainda mais precoce e precário. No geral, podemos dizer que o uso do objeto autístico revela não uma integração malsucedida, mas uma integração que está muito longe de acontecer. Enquanto o objeto fetiche tem a função de reassegurar uma integração precária do eu da criança, o objeto autístico impede a apercepção da separação física com o mundo externo, constituindo-se um prolongamento do próprio corpo da criança (Graña, 2008).

Esquematicamente podemos dizer que o objeto transicional ajuda a criança no exercício de separação entre o eu e o não eu, que o objeto fetiche tenta reassegurar para a criança a integração frágil do eu e, por último, que o objeto autístico impede a diferenciação entre o eu e o não eu.

Como estamos aqui preocupados com o uso dos objetos autísticos pelas crianças, deixamos de lado a discussão sobre o objeto fetiche e nos detemos nas consequências para a constituição subjetiva do uso dos objetos autísticos, tendo como ponto de comparação o lugar dos objetos transicionais no desenvolvimento psíquico. Por esse caminho, retomamos a ideia de que o uso dos objetos autísticos impõe barreiras ao desenvolvimento do brincar e da capacidade de simbolização, já que não ajuda a criança a experimentar a diferenciação entre ela e o outro, entre realidade subjetiva e realidade compartilhada, como observamos com a utilização dos objetos transicionais.

Hanna Segal (1983) nos ajuda a compreender as consequências para o desenvolvimento intersubjetivo de pacientes que não conseguem fazer a diferenciação entre eu e não eu, entre ego e objeto externo, de acordo com as palavras da autora. Trata a aquisição de símbolos como um processo gradativamente complexo no decorrer da constituição intersubjetiva. Para ela, antes de adquirir a capacidade de usar os símbolos propriamente ditos, primeiramente o bebê utiliza símbolos primitivos, que são tratados como uma equação simbólica. Segal define a equação simbólica como a coincidência entre o objeto a ser simbolizado e o símbolo, já que os símbolos primitivos não podem ser sentidos pelo bebê como substitutos do objeto, mas como o próprio objeto original. A aquisição propriamente dita do símbolo ocorre a partir do desenvolvimento e da integração do ego, momento em que o objeto passa a ser percebido como objeto total. Contudo, assinala que o emprego da equação simbólica pode não se restringir ao início do processo de simbolização e perdurar na dinâmica psíquica de pacientes que não conseguiram alcançar uma boa integração do ego – como é o caso dos pacientes psicóticos e das crianças com autismo. Nessas dinâmicas patológicas, o uso da equação simbólica, ou seja, a não diferenciação entre o símbolo e o objeto a ser simbolizado, reflete a não diferenciação entre o ego e o objeto externo. A equação simbólica é usada para negar a ausência do objeto e, dessa maneira, não possibilita nenhum deslocamento em relação ao objeto; ao contrário do símbolo, que pode ser usado como uma superação de sua perda.

A diferenciação proposta por Segal é retomada por Tustin (1984), que propõe a aproximação entre objeto autístico e equação simbólica. Ela assemelha os objetos autísticos à função de equação simbólica por esses objetos não permitirem nenhum tipo de elaboração simbólica em relação ao objeto ausente. Como dissemos antes, o objeto autístico sustenta a função para a criança de não diferenciação entre o eu e o não eu – dinâmica também observada na equação simbólica. Já o objeto transicional localiza-se entre a equação simbólica e o símbolo, sustentando o paradoxo de ser ao mesmo tempo objeto subjetivo e objeto compartilhado, numa perspectiva constitutiva não patológica (Alvarez, 1994, p. 177).

Se, por um lado, os objetos autísticos impedem a criança de se interessar pelo mundo externo, de exercitar a diferenciação entre ela e o outro, por outro lado, simplesmente proibir seu uso no tratamento terapêutico não parece ajudar a criança a fazer essa diferenciação ortopedicamente. Os objetos autísticos ocupam uma função de sustentação vital para a criança, ainda que precária. Assim, o tratamento terapêutico de base psicanalítica tem o árduo trabalho de ajudar essas crianças na tessitura de outras redes de sustentação, menos restritas, menos defensivas ou pobres do ponto de vista simbólico. Dessa maneira, o tratamento psicanalítico se dá pela exploração dos objetos autísticos, já que muitas vezes a criança pode desabar na ausência desses objetos, entrando num grande desespero como se, de fato, estivessem lhe arrancando uma parte do seu próprio corpo. Chegamos ao grande paradoxo do brincar na clínica do autismo: o tratamento analítico torna-se viável e produtivo quando pode partir do uso dos objetos autísticos e, só então, ajudar a criança a ir além deles.

Alfredo Jerusalinsky e colaboradores (2013), propondo uma metodologia de tratamento psicanalítica para o autismo, discutem a importância de o analista partir justamente das estereotipias da criança frente aos objetos. Para os autores, é fundamental que o analista possa reconhecer em tais automatismos as aberturas para a subjetivação. Somente com base nisso pode se apresentar à criança de um modo não invasivo, propondo desdobramentos desses automatismos apoiados em musicalidade, voz, gesto e olhar. Os autores também propõem que o analista reconheça e sustente a abertura que o paciente possa vir a oferecer a ele em meio às estereotipias, favorecendo uma brincadeira compartilhada com o objeto escolhido pela criança. A partir desses dois pontos iniciais, criam-se as condições de uma relação em que a criança pode vir a incluir o analista em suas brincadeiras, podendo não só ser solicitada por ele como também demandar e propor a retomada dessas brincadeiras compartilhadas com o analista.

Outro aspecto crucial a respeito das estereotipias que a prática clínica nos mostra é que também há momentos em que a própria criança entra num estado de irritação e frustração justamente porque não consegue interromper os movimentos repetitivos. Em circunstâncias como essas, o analista precisa ajudá-la a ocupar-se de outra atividade, oferecendo alternativas a alguém que não sabe o que mais poderia fazer com o seu tempo ou com aquele objeto. Desse modo, o analista oferece suporte para que a criança possa modular o estado de grande excitação incitado pelas estereotipias, o que muitas vezes é aprisionante. Isso nos leva a retomar o conceito de companhia viva, já que as intervenções do analista também precisam sustentar certo grau de oscilação diante da variação dos estados emocionais apresentados pela criança.

Em consonância com essas proposições, retomamos um aspecto fundamental do desenvolvimento psíquico pontuado por Alvarez (1994) que diz respeito aos acréscimos que podem ser oferecidos à criança. Tais acréscimos podem ajudá-la a estabelecer os contornos de um *self*, de uma unidade psíquica e corporal, para que, num momento posterior, a criança possa entrar em contato com a alteridade. Segundo a autora, o que se mostra realmente significativo para o desenvolvimento psíquico são as oscilações de ritmo,[7] desde que a intensidade dessas alterações não ultrapasse a capacidade do bebê (ou da criança com autismo) para acompanhar essas mudanças.

---

7   Como vimos no capítulo anterior com Guerra.

De acordo com Alvarez:

> Enquanto certos pacientes precisam ser ajudados a aprender sobre a condição de ser separados e as diferenças entre eles próprios e seu objeto, de modo a tomar consciência da vida presente nesse objeto, outros precisam aprender acerca de sua disponibilidade, familiaridade e similaridade. Chegadas e retornos podem ser tão estimulantes e provocadores de pensamento quanto as partidas, especialmente se o paciente está mais acostumado com partidas do que com retornos. (1994, p. 75)

Assim, mais do que se preocupar em retirar ou impedir o uso dos objetos autísticos, o tratamento psicanalítico se ocupa em ajudar a criança a dar outros sentidos para aqueles objetos, inventar histórias e brincadeiras, fazer com que a criança possa se surpreender com algo novo com base no já tão conhecido.

Em consonância com essas ponderações, Pires (2007) considera a importância do dispositivo da análise invertida na clínica do autismo, assim como na clínica das psicoses infantis. O conceito de psicanálise invertida foi formulado por Collete Soller na perspectiva da psicanálise lacaniana (1994 apud Pires, 2007). Se na psicanálise clássica de pacientes neuróticos o analista parte das construções simbólicas em direção ao Real, na clínica das psicoses a psicanálise opera de forma inversa, já que o analista parte do Real em direção ao Simbólico. Dessa forma, como na relação entre mãe e bebê, na clínica do autismo é fundamental que possa haver espaço para a *loucura necessária* do analista, ou seja, para que o analista possa injetar sentidos, criar histórias, ajudar a criança a transformar o objeto autístico em algo menos achatado e previsível.

Além dessa abertura em potencial que as estereotipias podem oferecer ao contato entre a dupla analista-paciente, Pires (2007) apresenta outra dimensão dessas repetições no tratamento de crianças com autismo. Ela resgata contribuições de autores como Trevarthen (1994), Winnicott (2000 [1967]) e Safra (1999) trazendo a ideia de que a imitação e a repetição fazem parte da constituição da relação intersubjetiva e são essenciais para a formação de uma unidade psíquica e corporal no bebê. Tal leitura nos permite uma aproximação entre as estereotipias presentes no autismo e o desenvolvimento intersubjetivo do bebê.

Para tratar das repetições tão presentes nas crianças com autismo, Pires propõe uma definição ampla de posicionamento ecolálico, referindo-se a todo tipo de repetição, seja pela fala (ecolalia), seja por um gesto (estereotipia). Nesse sentido, a autora afirma que "a ecolalia [podemos acrescentar aqui: ou todo posicionamento ecolálico] pode ser vista não como impedimento ao desenvolvimento, defesa cristalizante, mas como veículo do mesmo" (Pires, 2007, p. 78).

Ainda segundo Pires:

> *Apaixonado, o sujeito ecolálico se aproxima de um objeto de seu interesse, que se apresenta ao mesmo tempo fascinante e enigmático. Tem algo nesse objeto que o atrai, ao mesmo tempo, algo que não é capaz de compreender, apreender. Com a ecolalia, o sujeito se aproxima do objeto, que pode ser uma música, um programa de televisão, uma pessoa, uma palavra escrita, uma fala, um objeto, qualquer coisa. Percebemos a possibilidade de se supor um "método ecolálico de investigação e aproximação da realidade" e seus objetos. Método este*

*que tem como característica uma aproximação adesiva
ao objeto, na tentativa de vir a conhecê-lo. (2007, p. 81)*

A autora sugere uma compreensão sobre as repetições e estereotipias que pode ir além de um simples automatismo ou de uma descarga de excitação, implicando também uma forma de compreender o objeto, compreender a realidade (subjetiva ou compartilhada) e responder ao ato reclamativo do analista (Pires, 2007, p. 68).[8] Assim, a manifestação das estereotipias e das repetições apresenta sua complexidade no tratamento psicanalítico e pode nos dizer mais a respeito da disponibilidade do paciente para o contato com o analista do que se poderia supor num primeiro momento.

Desse modo, a criança com autismo escancara a dimensão paradoxal do brincar nessa clínica. Se por um lado repetições, estereotipias, ecolalias se fazem pesadamente presentes no contato com as crianças, por outro, é exatamente por meio desses posicionamentos ecolálicos que o novo pode vir a se instaurar. A delicadeza dessa clínica desafia o analista a estar presente como uma companhia viva, reclamando e reivindicando a atenção do seu paciente, modulando suas interferências e sua reserva, apostando que, na aparência de um olhar sem cor, há uma vida prestes a pulsar.

---

8 Referindo-se ao conceito de reclamação, como proposto por Alvarez (1994).

A clínica do autismo: o brincar como via para a constituição subjetiva

> *Qual a diferença entre os olhos que têm um olhar e os olhos que não o têm? Esta diferença tem um nome: é a vida. A vida começa onde começa o olhar.*
>
> *A metafísica dos tubos*, Amélie Nothomb

Já dissemos que o brincar constitui-se como um fio condutor de todo o processo de subjetivação, podendo ser tomado como um indicativo de perturbações na estruturação psíquica. Também abordamos as particularidades do brincar das crianças com autismo; particularidades que refletem o que não pôde se desenvolver na constituição subjetiva. Vimos ainda que, além de o brincar servir como importante instrumento diagnóstico, também é uma ferramenta de intervenção, já que é por meio do brincar no encontro analítico que o psicanalista pode ajudar a criança a se constituir enquanto sujeito.

Neste capítulo discutimos algumas possibilidades de intervenção por meio do brincar na clínica do autismo. Optamos por organizar a discussão com base em três grandes eixos: encontro analítico, estereotipias e objeto tutor. No entanto, sabemos que a prática clínica não se apresenta de forma organizada nem esquemática e, na realidade, verificamos a presença dos três eixos simultaneamente no tratamento do autismo e em cada vinheta que trouxermos.

Encontro analítico: contornos e transformações

Donald Winnicott menciona por diversas vezes a importância da constância do *setting* para o estabelecimento do sentimento de confiança do paciente em relação ao analista. Essa proposição ganha relevo ainda maior no tratamento de crianças com autismo, já que mudanças frequentes no ambiente terapêutico, como variação de horário ou lugar da sessão e, principalmente, de terapeuta, podem não só dificultar o tratamento analítico como inviabilizá-lo. Por outro lado, compreendemos que a constância do *setting* na clínica do autismo está relacionada, sobretudo, à ideia de que o analista se ofereça como uma companhia viva, respeitando o próprio ritmo da criança e sustentando uma presença empática que torna o encontro analítico verdadeiramente humano.

Como vimos pelas contribuições de Victor Guerra, o respeito ao ritmo próprio do bebê cria as condições para que o encontro intersubjetivo possa acontecer com a mãe – encontro fundamental para todo o processo de subjetivação do bebê. Assim, quando falamos sobre o respeito ao ritmo próprio da criança no tratamento psicanalítico, propomos a ideia de que o analista ocupe dentro do *setting* a função materna estruturante diante da criança com autismo. Com efeito, o trabalho terapêutico consiste em oferecer condições favoráveis para retomada ou desenvolvimento da constituição subjetiva do paciente por meio do encontro intersubjetivo com o analista.

A constância do *setting* se mostra particularmente importante no tratamento daquelas crianças que apresentam dificuldade para lidar com situações de separação ou rupturas. No geral, essas crianças não podem contar com um eu integrado, de modo que experiências de separação e de ruptura parecem corresponder a vivências de despedaçamento da própria imagem de si. Trata-se de crianças que não puderam construir, no tempo esperado, uma unidade psíquica e corporal do *self* e vivem constantemente sob a ameaça da desintegração. Nos termos de Ricardo Rodulfo,[1] essas crianças não puderam contar com a formação de películas de continuidade com o ambiente que lhes assegurariam a constituição do eu.

Nesse sentido, a previsibilidade do *setting*, por meio da presença sensível do analista, parece exercer para as crianças a função constitutiva atribuída às rotinas na vida dos bebês. Com base na possibilidade de antecipar os acontecimentos numa regularidade organizadora, a constância do *setting* oferece à criança uma nova oportunidade de constituição da superfície de continuidade com o ambiente, fundamental para o trabalho de construção da imagem integrada do eu. Assim, as experiências de separação e ruptura podem ser atravessadas pela criança na companhia do analista, o qual, por sua presença empática, oferece suporte psíquico para que essas experiências sejam vividas de forma menos traumática.

Anne Alvarez aborda a dificuldade de separação na clínica psicanalítica do autismo baseada no relato de tratamento de um paciente que acompanhou por muitos anos. Em suas palavras:

---

1 Como vimos no Capítulo 1.

> *Robbie não vivenciava uma separação como a perda de alguma coisa ou de alguém, nem se sentia sendo deixado em algum lugar onde não desejava estar. Ao contrário, ele sentia-se deixado em lugar nenhum. Ele não perdera alguém ou alguma coisa com a separação; ele perdera tudo, incluindo ele próprio. [...] Uma vez, ele descreveu seu mundo como uma "rede esburacada". Era um universo irreal e ele estava perpetuamente caindo através dele. Como eu poderia tornar-me suficientemente densa, suficientemente comprometida e concentrada, suficientemente real para capturá-lo? (Alvarez, 1994. p. 32)*

Nossa hipótese é de que a constância do *setting*, por meio da presença empática, pode ser uma maneira segundo a qual o analista possa transformar-se numa rede suficientemente densa e real para capturar o paciente antes da queda.

A presença empática do analista implica uma sintonia ao ritmo próprio do paciente, respeitando distanciamentos que se façam necessários em relação ao próprio terapeuta ou a indiferença diante dos objetos apresentados. Essa sintonia afetiva do analista em direção ao paciente é fundamental para que sua presença não seja invasiva para a criança. O respeito ao ritmo próprio do paciente está igualmente relacionado à importância da atenção do analista às pequenas aberturas que a criança possa vir a lhe oferecer para que, por outro lado, não se torne uma presença evasiva. A manutenção de uma distância ideal em relação ao paciente, embora atenta e conectada afetivamente a ele, é essencial para criar as condições de um encontro analítico significativo.

Com base nessas considerações, não acreditamos na efetividade de uma postura neutra e de espera por parte do analista; defendemos que as aproximações partem do analista e precisam estar sintonizadas com o ritmo que circunscreve aquele encontro. Trata-se da ideia de que o analista pode sustentar-se como presença sensível para o paciente; presença que resiste *no* encontro afetivo e não *ao* encontro afetivo.[2]

A seguir, vemos duas situações clínicas que ilustram de formas diferentes a importância da constância do *setting* nessa clínica, bem como as dificuldades de separação ou de ruptura geralmente presentes nas crianças com autismo.

João tinha 4 anos quando iniciou o tratamento, duas vezes por semana. Nos primeiros três meses, fizemos sessões conjuntas com a mãe, porque João não aceitava entrar na sala sem ela.[3] Além da presença da mãe, João ainda precisava sentar-se no colo dela para sentir-se seguro durante o atendimento. No entanto, quando estava no colo da mãe, voltava-se completamente para ela, mostrando-se alheio aos objetos ou a mim. Nas poucas vezes em que se mostrava disponível para o contato comigo, vinha até onde eu estava sentada e subia no meu colo, repetindo a mesma interação que tinha com a mãe.

Aquela situação me fazia pensar que, para João, era insuportável se ver sozinho, parecia não se sustentar, se não estivesse no colo de alguém – entrava numa aflição que o desorganizava. Assim, todo o trabalho inicial foi o de construir com ele outros meios de sustentação. Essa tarefa foi particularmente difícil no começo do tratamento, já que ele não se interessava pelos objetos nem por pequenas situações

---

2 Como vimos no capítulo 2, Daniel Kupermann (2008) propõe a diferenciação entre resistência *ao* encontro afetivo e resistência *no* encontro afetivo.
3 Para a técnica de tratamento em TED, era fundamental que a criança pudesse superar as dificuldades de separação do adulto cuidador durante as sessões.

lúdicas – estava completamente voltado para o contato corporal com a mãe ou comigo. À medida que João ia ficando mais à vontade com a rotina das sessões, íamos tentando, eu e a mãe, favorecer um ambiente lúdico que pudesse ajudá-lo a se descolar do corpo do outro.

Um dia, João chegou fazendo alguns gestos com as mãos. A mãe me explicou que era uma coreografia que acompanhava uma música dos palhaços Patati Patatá.[4] Ela também contou que o filho adorava assistir aos palhaços na televisão e que, apesar de ainda não cantar as músicas (porque João falava apenas poucas palavras), sabia toda a coreografia. Na sessão seguinte cheguei com a letra da música ensaiada e pude acompanhar João na sua coreografia com as mãos. Ele ficou muito excitado com aquela nova possibilidade e, por um longo tempo, esqueceu-se da mãe na sala de atendimento. Em poucos dias, o colo da mãe não era mais necessário e pudemos continuar o trabalho juntos, cada um em uma cadeira.

Por meio desse recorte clínico, acompanhamos a dificuldade de João de se separar fisicamente de sua mãe, entrando em uma grande aflição quando ela recusava o colo. Aos poucos, pudemos estabelecer uma rotina de atendimento que se tornava familiar a ele: entrava na sala de atendimento com a mãe, passava algum tempo com a terapeuta e depois ia embora. Mesmo diante dessa repetição de acontecimentos que organizava sua experiência, João ainda precisava se reassegurar no colo da mãe. Acompanhando o ritmo de João, fomos estabelecendo pequenas situações lúdicas e prazerosas que começavam a interessá-lo cada vez mais.

Foi nesse contexto terapêutico que João chegou um dia para a sessão fazendo alguns movimentos com as mãos, e a mãe pôde contar de seu interesse pela música infantil. Aqui, faz-se importante

---

4 A música chama-se "As mãos", dos palhaços Patati Patatá.

frisar que a mãe pôde reconhecer nos gestos de João um sentido muito particular de retomada da cantiga favorita. Esse reconhecimento é fundamental, já que dá voz ao sujeito que habita a criança, tomando movimentos que poderiam ser reduzidos a simples estereotipias como uma via de comunicação bem-sucedida entre a criança e o adulto cuidador. A mãe não só reconheceu o gesto produzido pelo filho como compartilhou isso com a terapeuta.

Nesse sentido, permitiu o estabelecimento de uma experiência de continuidade entre João e o *setting*, oferecendo a ele algo de familiar diante daquela situação desconhecida; o novo contexto não precisaria ser vivido como uma experiência traumática de ruptura. A partir desse momento, o contato físico com a mãe ou com a terapeuta passou a ser algo prescindível para João.

Como observamos pelas contribuições de Guerra, as músicas que fazem parte do repertório infantil e envolvem coreografia com as mãos ajudam a criança a entrar em contato com a previsibilidade das interrupções, dos desaparecimentos e aparecimentos de certos objetos. O movimento coreografado e previsível das mãos oferecia a João a segurança de que mudanças poderiam acontecer sem que as pessoas se perdessem umas das outras. Ele se descolou do corpo da mãe porque pôde encontrar no convite para o brincar outra forma de sustentação.

Outro ponto importante a refletir sobre essa cena clínica diz respeito à diferença fundamental entre encenar a coreografia da música favorita diante da televisão e encenar a mesma coreografia diante da terapeuta. Somente uma companhia viva, nos termos de Alvarez, pode dar à brincadeira algo novo, momentos de suspense e interrupções do ritmo de uma forma que não desorganiza a criança. Os elementos inesperados impõem um movimento psíquico na criança que favorece sua constituição subjetiva. O aspecto da surpresa, que é a graça de um jogo infantil, nunca pode vir de um objeto inanimado, como a televisão.

Nesse sentido, chegamos ao brincar constitutivo no encontro clínico com João; brincar que assegurava certa continuidade com o ambiente desconhecido e que, ao mesmo tempo, se colocava como um elemento terceiro, intermediando a relação entre João e a terapeuta. Ocupando essa dupla função no encontro clínico, o brincar cria situações que se organizam pela alternância do eixo presença--ausência – o que posteriormente leva a criança à noção da representação de um objeto e ao desenvolvimento da capacidade simbólica. Certamente, a prática nos mostra que essas conquistas não acontecem tão facilmente na clínica do autismo, mas oferecem um horizonte de trabalho para o analista.

Vejamos agora alguns fragmentos clínicos do atendimento de Antônio, criança com 5 anos de idade que também apresentava muita dificuldade em lidar com situações de ruptura.

— *Mais um pouquinho e já vai ser hora de irmos embora, Antônio.*

[...]

— *Só mais um pouquinho e daqui a pouco precisamos ir embora, tá?*

[...]

— *Vamos brincar só com mais este e depois teremos que guardar para ir embora.*

[...]

— *Hora de irmos encontrar o papai na sala de espera.*

As sessões com Antônio apresentavam sua delicadeza à medida que o encerramento se aproximava. Finalizar a sessão ou finalizar alguma outra atividade na escola ou em casa poderia ser extremamente desorganizador para Antônio. Esses momentos eram vividos como situações de ruptura e causavam crises de desespero: Antônio chorava aos soluços, demonstrando grande desamparo e agressividade. Essas experiências pareciam arremessá-lo num poço sem fim, como acontecia com Robbie, paciente de Alvarez. Essas dificuldades nos levam a pensar que Antônio apresentava uma integração do eu bastante precária, de modo que as experiências de ruptura pareciam provocar a perda total de si mesmo.

Assim, ao longo dos dois anos de atendimento, o trabalho terapêutico buscou transformar os momentos de separação e ruptura em situações menos traumáticas e desorganizadoras. Foram realizadas inúmeras tentativas, com mais ou menos sucesso, de ajudar Antônio a lidar com essas situações. Houve momentos do tratamento em que a antecipação verbal da proximidade do fim da sessão auxiliava-o na travessia daquela experiência. Em outras situações, o brincar envolvendo o contato físico mostrava-se um bom apoio na transição para o encerramento da sessão.

Pegava-o no colo e brincávamos de girar juntos; estávamos nos preparando para o fim da sessão já anunciado. Ainda no meu colo, eu abria a porta da sala de atendimento e íamos pelo corredor até a sala de espera, onde seu pai nos aguardava. De forma tranquila, Antônio ia embora.

Em outras circunstâncias, a brincadeira com a bolha de sabão se mostrava um bom apoio para ajudá-lo a lidar com o final dos nossos encontros, talvez porque a bolha se apresentasse como o próprio exercício de separação do corpo do outro – assim como acontecia com o neto de Freud no jogo do *Fort/Da*. A natureza volátil da bolha de sabão parecia ilustrar de forma clara que o desaparecimento e o reaparecimento poderiam se alternar sem que algo se perdesse no meio do caminho.

Outra tentativa de finalização menos traumática era a contagem regressiva para terminar o que estava acontecendo na sessão. Antônio contava com bom desenvolvimento cognitivo, de forma a poder compreender o que significava a contagem regressiva.

Só mais três vezes e vamos embora.

[...]

Só mais duas vezes e está na hora de ir.

[...]

Agora a última vez para encontrarmos o papai.

A integração precária do eu também era perceptível pela frequente confusão de Antônio no emprego dos pronomes *eu* e *você* ou das expressões *minha vez, sua vez*. Marie-Christine Laznik (2011) traz algumas considerações a respeito da troca de pronomes, bastante comum em crianças com autismo. Aponta os estudos de Roman Jakobson, que afirmava que o emprego do pronome *eu* para designar a pessoa que fala é uma das aquisições mais tardias na linguagem infantil por causa da complexidade envolvida nesse processo. Tendo em vista esses estudos, a autora conclui que o uso indiscriminado dos pronomes *eu* e *tu* provavelmente está presente durante o período de aquisição de linguagem – isto é, a partir dos dezoito meses:

É possível que fenômenos da ordem daqueles que foram descritos mais acima [o emprego indiscriminado dos pronomes eu e tu] possam acontecer em períodos em que nem as pessoas à volta nem os especialistas busquem os indícios de uma patologia da linguagem. Esse anacronismo na criança autista revelaria, a céu aberto, um traço de aquisição da linguagem; e, aí ainda, o patológico viria nos informar sobre o normal. (Laznik, 2011 p. 123)

Nesse sentido, a confusão para o emprego dos pronomes explicitaria o começo do processo de diferenciação entre o eu e o mundo externo, que inicialmente ocorre por intermédio da precária percepção dos limites entre um e outro, presente no desenvolvimento normal dos bebês.

Retomando as sessões com Antônio, era perceptível que as experiências de separação e ruptura eram sentidas como mais ou menos desorganizadoras para ele. Em alguns momentos, Antônio precisava do contato físico com a terapeuta; em outros, essa travessia podia ocorrer por meio do próprio brincar. A necessidade do contato físico provavelmente evidenciava um eu mais fragmentado. No entanto, quando o encerramento era elaborado pelo brincar, era possível identificar maior potencial de integração e diferenciação do eu, mesmo que a situação ainda exigisse certos cuidados. De fato, o contato físico com a terapeuta mostrou-se mais necessário durante os primeiros meses de tratamento, refletindo certo movimento progressivo de integração do eu. Essa oscilação, provavelmente, era reflexo do fato de que a integração do eu ainda estava se consolidando como uma conquista subjetiva.

As oscilações da integração do eu observadas em Antônio nos remetem às palavras de Rodulfo (1990) a respeito do momento constitutivo da diferenciação entre eu e não eu. Segundo o autor, esse processo ocorre por meio da dinâmica de idas e vindas, em que a criança ensaia a separação do corpo da mãe para depois, novamente, se fusionar a ela.

Acreditamos que o encontro analítico pode ser de grande ajuda para crianças que apresentam as mesmas dificuldades de Antônio. Assim como a mãe que respeita o ritmo próprio do bebê, instaurando certa atmosfera de continuidade para ajudá-lo a passar por situações de separação, o analista também pode assumir essas funções na relação com o paciente. Se o analista pode identificar e adaptar-se às necessidades do paciente – não aos desejos dele –, a separação pode ser vivida de forma menos traumática, contribuindo concomitantemente para experiências de integração do eu.[5] A diferenciação entre necessidade e desejo se impõe como um desafio, já que muitas vezes não temos certeza da natureza do que se apresenta naquele momento. E responder ao desejo do paciente, principalmente no caso de crianças como Antônio, não o ajuda a dar o passo adiante no processo de integração. Dessa maneira, a sintonia afetiva novamente se apresenta como o melhor instrumento de orientação para o analista. Além disso, o próprio ritmo que circunscreve os encontros terapêuticos entre a dupla – ou seja, o tempo e a frequência das sessões que marcam as idas e vindas do paciente – também se oferece como um continente para as angústias de perda e separação para crianças como Antônio.

Passemos agora a uma terceira situação clínica que também reflete a importância da constância do *setting* no tratamento de crianças com autismo. No entanto, diferentemente das vinhetas anteriores, apresentamos um fragmento clínico de uma criança

---

5 Winnicott faz uma diferenciação entre necessidade e desejo do paciente. A primeira estaria ligada às questões do ego e a segunda, às exigências do id. (Winnicott, 1983 [1960]).

que não demonstrava dificuldade para lidar com experiências de separação ou ruptura, pelo contrário, mostrava-se completamente alheia ao mundo que a cercava. Nesse sentido, a vinheta clínica a seguir ilustra como a constância do *setting* pode ajudar a despertar o interesse da criança pelo mundo à sua volta, o que não é um mero detalhe quando se trata de crianças com autismo.

Felipe apresentava um desenvolvimento gravemente perturbado. Tinha quase 4 anos, ainda não havia desenvolvido a fala, demonstrava grande apatia e indiferença pelo ambiente ou pelas pessoas, não se atraía por nenhum brinquedo e permanecia por quase todas as sessões andando em círculos pela sala. Esfregava incessantemente uma mão na outra ou friccionava entre as palmas das mãos a fraldinha da chupeta, as meias ou seu chinelo. Ficava completamente absorto por essa estimulação sensorial. Podia permanecer por muito tempo ocupado com essas estimulações, completamente indiferente a mim, à sala e aos brinquedos.

Depois de alguns meses de tratamento, encontrávamo-nos numa situação em que eu tentava chamar sua atenção para um xilofone, tocando-o com uma baqueta e cantando uma cantiga infantil. Felipe andava em círculos pela sala e, às vezes, me olhava de canto de olho. Até que, em determinado momento, aproximou-se de mim, pegou a baqueta do xilofone que eu havia oferecido e prosseguiu pelo seu caminho em círculos, friccionando a baqueta nas palmas das mãos. Assistia à minha tentativa fracassada de fazê-lo se interessar pelo xilofone, mas, ao mesmo tempo, pela primeira vez, testemunhava sua iniciativa de segurar algo nas mãos. Depois desse dia, frequentemente passou a pegar a baqueta na caixa de brinquedos tão logo entrava na sala e permanecia friccionando-a nas mãos enquanto se movimentava em círculos.

Percebi que ali, na estereotipia daquele movimento com as mãos que explorava a baqueta, talvez houvesse uma abertura para a introdução de novos objetos – outros instrumentos musicais? Assim, apresentei a ele um tamborzinho de madeira, sustentado por uma espécie de vareta mais grossa; ele tinha duas cordas em cada lado e, em suas extremidades, uma bolinha que batia nele emitindo um som quando o instrumento era posto em movimento por meio da fricção das palmas das mãos – o mesmo movimento que Felipe realizava com a baqueta de forma estereotipada. O interesse por esse novo objeto foi imediato em Felipe, principalmente quando compreendeu que poderia tocar o tamborzinho com mesmo movimento já conhecido de fricção com as suas mãos.

Pela primeira vez, depois de meses de atendimento, Felipe estava segurando um objeto, percebendo-o como um todo, interessando-se pelo som produzido por aquele instrumento. O seu interesse pelo tamborzinho foi tanto que, quando a sessão chegou ao fim, pela primeira vez não pôde se separar do instrumento musical sem demonstrar um enorme sofrimento. Saiu da sala em lágrimas, no meu colo, demonstrando sua intensa frustração mordendo-me no rosto.

Inicialmente, o trabalho terapêutico com Felipe delineou-se em torno da apresentação de objetos, uma tentativa de chamá-lo ao contato afetivo e instigar alguma curiosidade pelo mundo que o cercava. Por muito tempo, observávamos certo interesse pelos objetos apresentados, por meio de um olhar distante, oblíquo e rápido de Felipe em direção à terapeuta, mas nunca em direção aos objetos.[6] Essa situação se repetiu inúmeras vezes até que, em determinado momento, Felipe finalmente se aproximou da mesa em que se encontrava a terapeuta e pegou a baqueta do xilofone.

---

6 Ao contrário da maioria das crianças com autismo, Felipe olhava diretamente para a terapeuta, mas não olhava em direção aos objetos.

O ambiente terapêutico estável, aliado à constante reapresentação dos objetos, parece ter favorecido o gesto de Felipe.

O ato de pegar a baqueta nos remete ao primeiro momento do jogo da espátula, em que a criança finalmente pega a espátula, podendo criá-la como seu objeto subjetivo baseada na confiança em relação ao ambiente em que se encontra. A comparação entre essa vinheta clínica e a primeira etapa do jogo da espátula não é aleatória, já que Felipe demonstrava estar no momento mais inicial de constituição do *self*. Vimos com Winnicott que, nessa fase do desenvolvimento emocional primitivo, o bebê vive a etapa de dependência absoluta com a mãe, em que a ilusória onipotência sobre o mundo torna-se fundamental para as experiências constitutivas de continuidade com o ambiente. Como afirma Winnicott (1968), o bebê cria o objeto, mas o objeto precisa estar lá, esperando para ser criado e tornar-se um objeto psicoenergeticamente investido. Assim, nesse momento do desenvolvimento emocional, os objetos só existem para o bebê como extensão de sua própria existência, sustentando a ilusão do controle onipotente sobre o mundo.

Retomando a situação clínica exposta, notamos que a baqueta parece ter sido incorporada por Felipe, tornando-se uma extensão do próprio corpo. Tal incorporação não causa surpresa, tendo em vista que a aposta clínica era de que Felipe vivia o momento da constituição subjetiva em que precisava de experiências de continuidade com o ambiente, dado que ainda não era capaz de entrar em contato com a alteridade. Contudo, a vinheta clínica não trata de um bebê, mas de uma criança com autismo. Assim, a questão que se impõe é a respeito da natureza do objeto incorporado por Felipe: podemos considerar a baqueta como objeto subjetivo ou devemos compreendê-la como objeto autístico?

Para essa discussão, retomemos algumas definições conceituais sobre o objeto autístico e o objeto subjetivo. Como ponto de partida, identificamos uma semelhança entre eles, já que tanto um como o outro se apresentam como prolongamentos do eu, exercendo para a criança a função de negação da diferenciação entre eu e não eu. No entanto, a maior diferença entre eles diz respeito ao fato de que a criança em posse do seu objeto subjetivo pode abrir-se para o brincar primitivo com a mãe. Esse brincar ainda não é o brincar compartilhado nem o brincar apoiado nos fenômenos transicionais, mas sim aquele que não exige da criança a percepção da existência de outra pessoa além de si mesma. Já o objeto autístico sustenta a indiferenciação entre eu e não eu, blindando a criança de qualquer contato com o mundo externo, que pode ser sentido como extremamente ameaçador e desorganizador. Assim, o objeto autístico obtura qualquer tipo de diferença entre o eu e o não eu; diferença que poderia arremessar a criança numa vivência da perda de si mesma.

Diferentemente do objeto autístico, o objeto subjetivo não blinda o bebê dos acontecimentos fora dele; oferece uma experiência de continuidade com o ambiente que permite ao bebê estar no mundo por meio da ilusão de controle onipotente, sem colocar em risco sua existência.

Com base nessa breve retomada teórica, uma rápida observação da situação clínica poderia nos levar a deduzir que a baqueta se estabelece como um objeto autístico, já que é explorada de forma estereotipada e mantém Felipe indisponível para a troca com a terapeuta. No entanto, uma análise mais cuidadosa poderia identificar uma questão complexa e delicada.

No caso de Felipe, que não pegava nenhum objeto e mostrava-se alheio aos acontecimentos à sua volta, o estabelecimento do suposto objeto autístico não ocorre de forma aleatória nem indiferente em relação ao ambiente em que estava inserido. Felipe não elege qualquer objeto da sala para se tornar o suposto objeto autístico;

ele pega justamente a baqueta que estava sendo apresentada a ele pela terapeuta. Tendo isso em vista, o gesto em direção à baqueta pode ser compreendido, no mínimo, como um interesse de Felipe pelo objeto ou ainda, de forma mais otimista, como uma resposta ao convite de interação feito pela terapeuta. Seja por uma razão, seja por outra, Felipe não estava completamente alheio aos acontecimentos ao seu redor. Esses apontamentos nos permitem colocar sob suspeita a qualificação da baqueta como objeto autístico.

Entretanto, se não podemos aceitar sem questionamentos a baqueta como objeto autístico, poderíamos compreendê-la como objeto subjetivo? A resposta positiva a essa pergunta também não nos convence por completo, já que Felipe não cria a baqueta sozinho, como acontece com a espátula no jogo proposto por Winnicott:[7] a baqueta é apresentada a ele pela terapeuta, que incentiva seu interesse ao som do xilofone. Isso nos leva à possibilidade de compreendermos a baqueta como um objeto tutor, com base no aspecto de criação compartilhada entre o menino e a terapeuta, mesmo considerando que o uso que Felipe fez da baqueta não pudesse ser compartilhado.[8] Nesse sentido, identificamos no gesto de Felipe de pegar a baqueta uma pequena abertura para a dimensão do brincar, que aparece em meio às estereotipias e à aparente indiferença em relação à terapeuta.

Finalizando a discussão a respeito desse fragmento clínico, podemos afirmar que o uso que Felipe faz da baqueta vem nos mostrar a complexidade com que os objetos podem ser compreendidos na clínica psicanalítica do autismo, opondo-se às deduções reducionistas e deterministas. Além disso, observamos ainda

---

7 Winnicott orientava a mãe a não dar a espátula à criança, assim como também a orientava a não incentivar a criança a pegar a espátula. A ideia era que a criança pegasse a espátula quando se sentisse preparada para isso.
8 Retomamos a discussão da importância do objeto tutor na clínica psicanalítica do autismo na última seção deste capítulo.

a complexidade dos sentidos que podem ser atribuídos às estereotipias. A exploração repetitiva e disfuncional de um objeto nem sempre quer dizer que esse objeto é autístico, assim como as estereotipias nem sempre estão relacionadas a um comportamento esvaziado de sentido ou de intenção.

Assim, damos continuidade à discussão a respeito do lugar da estereotipia no tratamento de crianças com autismo, seguindo ainda com o fragmento clínico de Felipe.

Os diversos lugares da estereotipia no tratamento psicanalítico

No tratamento psicanalítico de crianças com autismo, as estereotipias ocupam um lugar de destaque e merecem atenção especial. Caracterizadas por movimentos repetitivos e aparentemente disfuncionais, são compreendidas pela abordagem psicanalítica como produções próprias e particulares de cada criança.

Como apresentamos no capítulo anterior, Luciana Pires aborda as estereotipias como um "método ecolálico de investigação e aproximação da realidade" (2007, p. 81), que possibilita o contato da criança com o mundo externo. Essa compreensão permite tomar as estereotipias como um importante – e talvez fundamental – meio de acesso ao conhecimento e à investigação do ambiente no qual a criança está inserida. Partindo dessa perspectiva, ampliamos a função das estereotipias no tratamento psicanalítico do autismo, opondo-nos às abordagens de tratamento que defendem intervenções que corrigem ou tentam extinguir os comportamentos estereotipados.

Como vimos nos capítulos anteriores, Rodulfo (1990) e Alfredo Jerusalinsky e colaboradores (2013) consideram as estereotipias como uma abertura à subjetividade da criança no tratamento psicanalítico. Levando em conta a singularidade de cada criança, o analista pode reconhecer nessas estereotipias aberturas ao brincar compartilhado, propondo com base nisso desdobramentos, continuidades para os movimentos repetitivos ou novas formas de exploração dos objetos, por meio da introdução de uma cantiga ou ritmo, convidando a criança ao brincar compartilhado.

Se, por um lado, o analista propõe intervenções levando em consideração as estereotipias de cada criança, por outro, essas estereotipias também podem ser tomadas como uma resposta da criança à demanda do analista. Como observamos anteriormente, Pires compreende que o posicionamento ecolálico da criança com autismo – e consideramos as estereotipias como parte do posicionamento ecolálico – pode se apresentar como uma resposta às solicitações do analista. Assim, o posicionamento ecolálico estaria muito mais relacionado a uma abertura à interação do que à recusa ao contato.

Vejamos como as estereotipias podem aparecer na relação entre terapeuta e paciente na clínica do autismo, retomando o fragmento clínico de Felipe, o menino que pôde se interessar pelo primeiro objeto – a baqueta –, após meses de atendimento.

No início do tratamento, a estereotipia de Felipe de fricção das palmas das mãos o ajudava a manter seu isolamento autístico. Como pudemos acompanhar na situação clínica, essa estereotipia não estava a serviço da investigação do mundo nem poderia ser considerada uma forma particular de aproximação das pessoas à sua volta. A excitação sensorial produzida mantinha Felipe completamente à parte do que acontecia fora dele.

No entanto, o que observamos na sequência da vinheta é que, num momento posterior, a função do movimento estereotipado é sutilmente deslocada, servindo não mais como descarga de uma excitação e, sim, como forma de investigação, de exploração de um objeto novo. Pela primeira vez, depois de meses de atendimento, Felipe pôde espontaneamente permitir-se viver uma experiência nova por meio da via conhecida da estereotipia, quando se interessa pela baqueta. Desse modo, observamos que as estereotipias nas crianças com autismo apresentam uma dimensão paradoxal: são ao mesmo tempo a repetição do conhecido e a abertura ao novo.

Acompanhando ainda a sequência dos acontecimentos da vinheta acerca de Felipe, percebemos que rapidamente a exploração da baqueta parece cair mais uma vez no circuito pobre e repetitivo da estereotipia. Como discutimos na seção anterior, por meio da estereotipia, a baqueta é tomada por Felipe como uma extensão do seu corpo. No entanto, a mesma estereotipia que anula a novidade do objeto também se mantém como via de abertura para novas experiências. Fazendo essa aposta, pudemos propor um desdobramento do que poderia ser identificado como um interesse de Felipe por instrumentos musicais, oferecendo a ele um tamborzinho de madeira, que exigia o mesmo movimento de fricção com as mãos para a produção do som. Felipe imediatamente pôs-se a explorar e a tocar o tamborzinho; estava envolvido por aquela descoberta e avidamente explorava o instrumento. Não estava mais alheio ao mundo à sua volta e deixou isso bastante claro quando demonstrou sua raiva e frustração ao morder a terapeuta no rosto no momento de encerrar a sessão e se separar do tamborzinho.

O tratamento terapêutico seguiu com Felipe, ainda com muito trabalho pela frente, mas terapeuta e paciente já se encontravam em outra situação clínica. Tratava-se, a partir daquele momento, de ampliar os interesses e usos possíveis dos objetos, trazendo o brincar isolado para uma situação compartilhada.

Vejamos outra situação clínica que também trata do lugar da estereotipia como forma de investigação do ambiente, bem como uma via para solicitar a retomada de uma brincadeira na relação entre terapeuta e criança.

Davi tem 6 anos, diagnosticado com autismo grave e outra comorbidade que nenhum médico havia conseguido identificar até o momento. Fazia tratamento havia três anos e estava sendo atendido por mim há alguns meses. Ainda não havia desenvolvido a fala, usava fraldas e babava incessantemente.

Assim que entrava na sala de atendimento, Davi ia até a caixa de brinquedos e pegava a corda. Segurava uma ponta da corda, sacudindo muito próxima aos olhos, enquanto andava em círculos pela sala. Essa cena se repetia muitas vezes. Eu tentava chamar a atenção de Davi para outros objetos que talvez facilitassem nossa interação, mas nada surtia efeito. Depois de algum tempo, finalmente percebi que poderia propor algum uso para a corda, interrompendo o isolamento autístico de Davi. Então, pegava a corda e imitava uma cobra correndo atrás de mim, e ele ria da cena hilária. Depois fazia um movimento de onda com a corda, Davi encostava seu rosto no chão para observar o movimento de perto.

Com o tempo, ele passou a pegar a corda da caixa de brinquedos e me oferecer para que eu repetisse aqueles movimentos. Esse pedido espontâneo foi cedendo lugar a uma cena estereotipada. Davi pegava a corda da caixa e me dava esperando que eu repetisse as mesmas situações, a da cobra e a da onda. Assistia ao movimento da cobra e ficava bravo quando eu parava. Colocava o rosto no chão para ver de perto o movimento da onda.

O cansaço que passei a sentir diante da repetição dessa situação me sinalizava que era o momento de uma nova proposta de brincadeira com a corda. Então, em outro momento, pude propor um novo desdobramento da brincadeira: a cobra e a onda só apareciam quando Davi segurava a outra extremidade da corda. Se ele soltasse a corda, os movimentos paravam. Rapidamente, Davi entendeu o convite e passamos a brincar juntos com a corda, cada um segurando uma ponta. E, com duas pessoas segurando a corda, além de brincar de onda e de cobra, podíamos variar nossas brincadeiras, fazendo a corda dar grandes giros no ar. Essa brincadeira me fazia lembrar o meu tempo de escola em que pulava corda. Enquanto eu e Davi brincávamos de girá-la no ar, eu cantava algumas músicas infantis: "Um homem bateu em minha porta e eu abri. Senhoras e senhores, ponham a mão no chão...". Davi me ouvia com um sorriso.

A preferência de Davi pela corda poderia ser observada pela intensa estereotipia que acompanhava a exploração desse objeto. Diante da corda, Davi se fechava para qualquer outra proposta de brincadeira. Assim, foi ficando claro que deveríamos fazer uma aposta de que o interesse pela corda também poderia se desdobrar em um brincar compartilhado.

A proposta dos movimentos de cobra e de onda teve efeitos positivos imediatos em Davi. Ele passou a pegar a corda da caixa de brinquedos, encenar os novos movimentos e dar a corda à terapeuta como um pedido explícito de retomada da brincadeira. O prazer sentido por Davi produzia uma importante mudança subjetiva, já que ele passava a preferir os movimentos lúdicos realizados pela terapeuta ao seu isolamento com a corda. Nesse momento, assistimos a um deslocamento da função das estereotipias, pois passam a compor um posicionamento ecolálico (Pires, 2007) de Davi frente à terapeuta, solicitando a retomada da brincadeira.

O prazer e o envolvimento de Davi ao assistir os movimentos de onda e de cobra produzidos com a corda o ajudaram a dar um passo a mais no brincar e em seu processo de constituição subjetiva. Davi foi convidado a produzir conjuntamente esses movimentos com a terapeuta e sua participação tornou-se imprescindível para a continuidade da brincadeira. Ao aceitar o convite proposto, Davi mostrou-se aberto às outras experiências de interação que podiam incluir o brincar compartilhado.

Esse fragmento clínico nos permite identificar as diversas funções que as estereotipias podem assumir ao longo do tratamento. Acompanhando os desdobramentos da vinheta clínica, notamos que as mesmas estereotipias que levavam Davi a um isolamento difícil de romper também puderam se apresentar como um pedido de retomada da brincadeira. O terapeuta deve estar atento a essas mudanças, para aproveitar as aberturas que a criança venha a lhe oferecer. Certamente, a possibilidade de compartilhar pontualmente uma brincadeira não fará Davi abandonar por completo sua tendência ao brincar isolado e estereotipado. Contudo, as experiências lúdicas e prazerosas marcam o sujeito em constituição e produzem efeitos estruturantes que só podem ser notados a longo prazo.

A próxima vinheta diz respeito a Gabriel que, assim como Davi, apresentava muitas estereotipias. O tratamento terapêutico dele durou pouco mais de três anos. Dessa forma, podemos acompanhar de uma maneira panorâmica as transformações possíveis das estereotipias e do brincar ocorridas durante o período de tratamento.

Gabriel iniciou o atendimento psicoterapêutico com quase 4 anos de idade. Diagnosticado com autismo, ainda não tinha desenvolvido a fala, usava fraldas, babava incessantemente e era extremamente agitado. Durante os primeiros meses de atendimento, quando ia buscá-lo na sala de espera, corria pelos corredores até entrar na sala de atendimento, alcançava muito rapidamente a caixa de brinquedos e se divertia em arremessá-los no chão, sem parecer discriminar um objeto do outro, parecendo buscar ouvir o barulho produzido quando os objetos caíam no chão. Nesse momento inicial, nenhum tipo de brincar era possível.

Ao longo do nosso primeiro ano de atendimento, fomos descobrindo possibilidades de nos encontrarmos no meio do caminho. Conseguimos estabelecer uma brincadeira em que ele jogava os objetos pela sala, eu me posicionava de maneira a estar onde os objetos caíam e os recebia como se fossem endereçados a mim. Em seguida, eu os jogava de volta para ele. Em outra brincadeira, Gabriel jogava um objeto no fundo da sala, longe de nós. (Talvez, Gabriel tivesse a intenção de que eu não alcançasse o brinquedo antes de ele cair no chão, provavelmente para ouvir o som produzido.) Nessas situações, eu o convidava para uma aposta de quem chegaria primeiro ao brinquedo depois da largada dada pela contagem "1, 2, 3 e já". Depois dessa cena se repetir inúmeras vezes, Gabriel passou a jogar o objeto no fundo da sala e me dar sua mão, como um convite à corrida atrás do brinquedo. Ao som da largada, íamos correndo de mãos dadas ao encontro do brinquedo.

Esse fragmento clínico nos mostra que Gabriel, mesmo ocupado com suas estereotipias, poderia ser convocado ao brincar pelas pequenas propostas de continuidade dos movimentos estereotipados. Nesse sentido, a terapeuta se faz ver por Gabriel apresentando-se como receptora do objeto lançado ou convidando-o para a corrida em busca do brinquedo, depois da contagem de largada. Certamente, a disponibilidade para a interação com a terapeuta não estava dada desde o início, mas pôde ser criada pelo trabalho terapêutico.

Vimos pelas contribuições de Guerra que as crianças com autismo mostram-se aprisionadas pelo ritmo autocentrado de suas estereotipias. Assim, cabe ao terapeuta, respeitando o tempo e a singularidade daquela criança, introduzir pequenas interrupções nesse ritmo autocentrado. Essas interrupções podem abrir espaço para o novo e para a criatividade, aspectos fundamentais para o estabelecimento de uma relação intersubjetiva entre terapeuta e criança pela qual o processo constitutivo pode ser retomado.

As pequenas interrupções no ritmo autocentrado e as propostas de continuidade dos movimentos estereotipados são fundamentais na clínica do autismo, na medida em que são intervenções pelas quais o terapeuta faz a aposta de que do outro lado da brincadeira há um sujeito a advir. A aposta no sujeito traduz-se como um convite ao brincar que leva em consideração as produções singulares e o ritmo próprio daquela criança em atendimento.

E lá está o sujeito da vinheta anterior, convocando a terapeuta para a corrida em busca do brinquedo em meio às estereotipias. A disponibilidade de Gabriel ao brincar a dois se limitava a um curto período, e o brincar compartilhado não era estendido a outras situações além das descritas. No entanto, esses pequenos e breves acontecimentos já indicavam algumas significativas mudanças subjetivas.

Durante os dois primeiros anos de atendimento, Gabriel não apresentou nenhum tipo de vocalização durante as sessões, mas, ao ingressarmos no terceiro ano de terapia, alguns balbucios começaram a surgir. Estávamos entrando numa nova fase do tratamento – mesmo tendo em vista a ecolalia desses balbucios, aparentemente desligados de um contexto.

Meses depois dos primeiros balbucios, Gabriel chegou um dia para a sessão cantando "ia, ia, ooo, ia, ia, ooo". Esse som nos remetia a uma canção muito conhecida em nossa cultura. Em pouco tempo, tínhamos descoberto uma brincadeira muito divertida. Valendo-me de uma prancha de madeira que continha algumas peças de encaixe de animais, eu ia cantando a música conforme a escolha feita por Gabriel: "E na fazenda tinha uma vaca, ia, ia, ooo; era muuuuu pra cá, era muuuu pra lá, era muuuu pra todo lado, ia, ia, ooo. E nesta fazenda tinha uma galinha ia, ia, ooo, era có-có-có pra cá, era có-có--có pra lá, era có-có-có pra todo lado, ia, ia, ooo" etc.

Gabriel não cantava comigo, mas me acompanhava muito atento e se deliciando com os sons dos animais. Ele poderia permanecer por todo o tempo da sessão, sentado diante de mim, pedindo para eu continuar a canção, divertindo-se com a música.

A maior diferença da abordagem psicanalítica em relação a outras abordagens de tratamento do autismo encontra-se na possibilidade de compreender as estereotipias e as ecolalias com base em um sentido ou um pedido de retomada da brincadeira pela criança. Tendo isso em vista, a ecolalia de Gabriel pôde ser compreendida como expressão do seu interesse pela cantiga da fazenda e recebida pela terapeuta como um convite a um jogo prazeroso.

Se compararmos a vinheta anterior com o primeiro fragmento clínico do tratamento de Gabriel, podemos perceber significativas diferenças nas possibilidades que o brincar pôde assumir. Acompanhando a continuidade da última vinheta, observamos que há um envolvimento prazeroso da dupla, mediado pela conhecida cantiga infantil. Diferentemente das situações clínicas iniciais de Gabriel, o brincar descrito na última cena não exigia uma grande adaptação da terapeuta às dificuldades de interação dele. Nas primeiras situações, havia certo esforço da terapeuta de se fazer ver por Gabriel, posicionando-se onde os objetos caíam ou incentivando uma corrida em busca de um brinquedo arremessado no fundo da sala. O último recorte clínico descreve terapeuta e paciente sentados à mesa, brincando juntos. Não havia necessidade de a terapeuta se colocar na cena, pois já fazia parte da situação prazerosa desde o início.

Outro ponto importante para esta discussão diz respeito ao fato de que a última situação lúdica não era uma brincadeira restrita à própria dupla, mas algo pertencente à cultura e que poderia ser compartilhado com outras pessoas. Nesse sentido, o brincar por meio da cantiga infantil situava a dupla no espaço potencial dos fenômenos transicionais, onde há sobreposição de duas pessoas brincando juntas, como proposto por Winnicott.

As pequenas conquistas subjetivas de Gabriel, refletidas nas potencialidades que o brincar pôde assumir em meio a estereotipias e ecolalias ao longo dos três anos de atendimento, compõem o movimento oscilante próprio do processo de constituição subjetiva e também próprio da dinâmica do autismo. O tratamento de Gabriel evidencia que as estereotipias e ecolalias podem ser tomadas como importantes aliadas ao trabalho do terapeuta, já que sustentam a dimensão singular de cada criança com autismo.

Com base nessas vinhetas clínicas de Felipe, Davi e Gabriel, podemos observar como o prazer compartilhado pelo brincar se apresenta como importante potencial de transformações e desdobramentos das estereotipias. Por intermédio do brincar e do prazer compartilhado, os objetos autísticos podem ser explorados para além das estereotipias, sendo atravessados pela dimensão do lúdico, da fantasia, da narratividade e da presença do outro. Dessa forma, a presença sensível do analista ajuda a criança a sair do enclausuramento, transformando os objetos autísticos em objetos tutores. Vemos como isso pode se dar na clínica psicanalítica na próxima seção.

Objeto tutor

Abordamos, até agora, a importância da constância do *setting* e das intervenções que propõem o brincar para além das estereotipias no contexto do tratamento psicanalítico de crianças com autismo. Contudo, ainda nos resta um aspecto fundamental a ser discutido: o papel dos objetos tutores nessa clínica.

Como pudemos acompanhar no capítulo 1, o objeto tutor é definido por Guerra como uma criação compartilhada pela dupla mãe-bebê, baseado no interesse por algum objeto do ambiente que a mãe identifica no filho. Segundo o autor, o objeto tutor oferece uma nova possibilidade de interação entre a dupla, mediada pelo próprio objeto e pela disponibilidade lúdica materna. Essa interação, não atravessada pelo contato físico, inaugura um espaço fundamental do brincar constitutivo e da capacidade de simbolização. Guerra identifica no objeto tutor um importante papel para a constituição subjetiva do bebê, assemelhando-o à função desempenhada pela estaca, que oferece sustentação e orientação para que a planta possa separar-se da mãe-terra. Essas funções de sustentação e de orientação também podem ser identificadas no trabalho do analista, na medida em que cabe a ele criar um ambiente favorável para que a criança possa retomar seu processo constitutivo. Nesse sentido, a presença sensível do analista, que resiste no encontro clínico, estabelece condições favoráveis para que os objetos tutores possam ser criados conjuntamente com as crianças.

A experiência clínica mostra que uma das possibilidades de criação dos objetos tutores apoia-se nos objetos autísticos. Como já discutimos, o objeto autístico promove o fechamento da criança em si mesma, impedindo-a de entrar em contato com o mundo externo. Esses objetos são tomados pela criança como extensão do próprio corpo, já que estão a serviço da indiferenciação entre externo e interno, entre eu e não eu, posto que a diferenciação poderia ser vivida como extremamente desorganizadora. Dessa forma, o objeto autístico obtura o espaço primordial da falta, que levaria a criança ao desenvolvimento psíquico (Tustin, 1990). O preenchimento dessa falta impede que a criança vivencie situações de extrema angústia, mas cobra um alto preço por isso e prejudica o desenvolvimento subjetivo.

Considerando essa importante função dos objetos autísticos, o trabalho do analista consiste em oferecer à criança outros meios de sustentação e orientação que possam colocar em movimento a constituição subjetiva, com base em experiências integradoras e estruturantes. Desse modo, acreditamos que a disponibilidade lúdica do analista sensível pode ajudar a criança a transformar o objeto estático, pobre e aprisionante em um instrumento musical, em algo que se movimenta, em um personagem vivo com histórias para serem contadas, em qualquer coisa que a surpreenda e que a leve para a dimensão da fantasia e do lúdico. Assim, o analista cria as condições, com a criança, para que o objeto autístico possa ser transformado em objeto tutor.

Trazendo novamente a metáfora da estaca, poderíamos imaginar que o analista desempenha a função de jardineiro que, cuidando do desenvolvimento e atento às características particulares de cada planta, determina o lugar adequado para fincá-la na terra.

Vejamos como a separação da criança do objeto autístico pode ocorrer na clínica, observando mais um recorte de atendimento de Davi, o menino da corda, apresentado anteriormente.

Davi pega o pandeiro da caixa de brinquedos e vai se sentar no chão, longe e de costas para mim. Recurva-se sobre o chão, aproximando os olhos do pandeiro. Começa a friccionar o instrumento no chão, de um lado para o outro. Ele mantém o polegar à boca e baba constantemente. Está totalmente imerso em seu movimento repetitivo com o pandeiro. Davi ouve um som diferente, olha em minha direção e me vê tocando o xilofone com uma baqueta. Dirige-se a mim, pega a baqueta da minha mão e põe-se a andar em círculos pela sala, sacudindo a baqueta próxima ao seu olho. Chamo-o para tocar o xilofone. Ele continua sua movimentação em círculos, sem olhar para mim. Chamo-o mais uma vez para tocar o xilofone... Aproximo-me dele, na tentativa de pegar a baqueta e tentar trazê-lo próximo à mesa onde o xilofone está. Ele grita. Tenta me morder e puxa o meu cabelo.

Davi retorna ao pandeiro que está no chão. Uma vez mais, senta-se de costas para mim, recurva-se sobre o chão e leva o polegar à boca. Recomeça o movimento de fricção do instrumento contra o chão. Tento chamar sua atenção com outros brinquedos. Jogo uma bola em sua direção. Ele não vê. Continua o movimento com o pandeiro. Tento mais outros brinquedos. Ele não vê...

Suspiro, cansada, pensando no que fazer. Olho para o outro pandeiro que ainda está na caixa de brinquedos. Pego o instrumento e me aproximo de Davi. Sento-me à sua frente e posiciono minha mão em cima da sua mão, interrompendo o movimento de vai e vem do pandeiro. Seguro a outra mão de Davi em cima do outro pandeiro. Ele franze a testa. Batendo um pandeiro no outro, abrindo e fechando os braços, começo a cantar: "Borboletinha tá na cozinha, fazendo chocolate para a madrinha...". Ele olha para mim. Dá um sorriso. Entrega-se ao movimento. Finalmente estamos juntos na sala. Depois desse dia, Davi passa a solicitar a minha participação na brincadeira com o pandeiro.

As tentativas fracassadas de interação propostas no começo desse fragmento clínico trazem importantes evidências de que o convite ao brincar compartilhado deve levar em consideração os próprios interesses da criança. Essa conclusão está de acordo com a ideia de que o objeto tutor é uma criação compartilhada entre a dupla mãe-bebê (Guerra, 2010b) e, podemos acrescentar, entre a dupla terapeuta-paciente.

O interesse de Davi pelo pandeiro estabeleceu condições essenciais para que pudesse ocorrer a transformação do brincar. Acompanhando os desdobramentos da vinheta, notamos que, quando a terapeuta propôs uma situação lúdica com o instrumento ao ritmo de uma cantiga infantil, o pandeiro perdeu sua função de objeto autístico e pôde assumir o papel de objeto tutor para Davi. O instrumento deixou de ser explorado de forma isolada, estereotipada e repetitiva e passou a fazer parte de uma brincadeira prazerosa entre a dupla. Nessa nova situação, o pandeiro não fazia mais parte do corpo de Davi, mas localizava-se entre ele e a terapeuta, na medida em que os dois brincavam juntos com o objeto.

Ao se deixar envolver pelo movimento ritmado com o pandeiro, ao som da cantiga infantil conhecida, Davi pôde vivenciar uma experiência de continuidade com o ambiente que não ameaçava sua frágil constituição subjetiva. Nessas circunstâncias, o uso do objeto autístico perde sua importância, pois não há ameaças a serem evitadas no contato com o mundo externo. Essa situação favorece a separação de Davi em relação ao pandeiro – como objeto autístico – justamente porque ele pode situar o instrumento no espaço transicional, entre mundo interno e mundo externo, espaço onde ocorre o brincar constitutivo. E é por meio desse brincar com a terapeuta que ele pode exercitar a diferenciação, tão complexa para ele, entre eu e não eu, entre mundo interno e mundo externo, sem que esteja sob a ameaça de vivências traumáticas. Dessa maneira, compreendemos as consequências constitutivas dessa importante transformação dos objetos autísticos em objetos tutores.

A clínica também nos mostra que a criação do objeto tutor pode ocorrer em situações em que o objeto é buscado fora do contexto terapêutico. Essa situação foi observada na vinheta clínica de João, apresentada no início deste capítulo. Discutimos como sua canção favorita dos palhaços Patati Patatá estabeleceu uma abertura para o brincar prazeroso, que colocou em movimento importantes aspectos constitutivos. Nesse sentido, percebemos que sua cantiga favorita pôde ser apropriada pela dupla terapeuta-criança como um objeto tutor, oferecendo a João uma sustentação psíquica fundamental, dispensando a necessidade de suporte corporal da mãe ou da própria terapeuta.

Há um último caminho que gostaríamos de apontar em relação à criação do objeto tutor na clínica, que pode ser ilustrado pela vinheta de Gabriel, já exposta. Abordamos especificamente o fragmento clínico que tratava dos brinquedos arremessados ao fundo da sala. Aqueles objetos lançados não eram tomados como autísticos para Gabriel, mas estavam a serviço do comportamento autístico de ouvir incessantemente o ruído produzido quando os brinquedos tocavam o chão. Acompanhamos pela vinheta apresentada que os brinquedos lançados ao fundo da sala puderam ser transformados em uma brincadeira que convocava Gabriel a apostar corrida com a terapeuta. Assim, as intervenções puderam atribuir outro lugar para esses objetos, que passaram a compor um espaço lúdico da fantasia e do brincar compartilhado entre Gabriel e a terapeuta.

Vimos como a brincadeira de apostar corrida em busca dos brinquedos pôde criar condições para o aparecimento do sujeito em Gabriel, já que ele próprio passou a convocar a terapeuta para a corrida. Assim, a dupla criava de forma conjunta a função de objeto tutor para aqueles brinquedos que outrora compunham um comportamento autístico. Desse modo, a vinheta de Gabriel demonstra que a criação dos objetos tutores também pode ocorrer não necessariamente apoiada em um objeto autístico, mas por meio dos desdobramentos de comportamentos autísticos que a criança pode apresentar.

Esses três diferentes exemplos de criação dos objetos tutores na clínica certamente não esgotam o tema, mas oferecem um horizonte para as intervenções dos analistas que atendem essas crianças.

Para finalizar este capítulo, retomamos a ideia de que o analista, identificado com a função materna estruturante, participa ativamente da criação do objeto tutor com a criança. Apropriado dessa função primordial, inaugura uma relação com a criança mediada pelo brincar, com base na qual os objetos tutores podem ser criados. O trabalho do analista deve se apresentar como um exercício constante de criação compartilhada na clínica do autismo, em uma atmosfera de continuidade, oferecendo uma alternativa às repetidas vivências de despedaçamento que invadem essas crianças.

Considerações finais

> Da cozinha a mãe se certifica: você está quietinho aí? Chamado ao trabalho, o menino ergue-se com dificuldade. Cambaleia sobre as pernas, com a atenção inteira para dentro: todo o equilíbrio é interno. Conseguido isso, agora a inteira atenção para fora: ele observa o que o ato de se erguer provocou. Pois levantar-se teve consequências e consequências: o chão move-se incerto, uma cadeira o supera, a parede o delimita. E na parede tem o retrato de O menino. É difícil olhar para o retrato alto sem apoiar-se num móvel, isso ele ainda não treinou. Mas eis que sua própria dificuldade lhe serve de apoio: o que o mantém de pé é exatamente prender a atenção ao retrato alto, olhar para cima lhe serve de guindaste.
>
> "Menino a bico de pena", Clarice Lispector

A história da psicopatologia psicanalítica já mostrou inúmeras vezes que o estudo da patologia nos leva à compreensão dos processos psíquicos normais. Ao longo deste livro pudemos acompanhar que as dificuldades para o desenvolvimento do brincar presentes em algumas crianças com graves perturbações psíquicas levaram os psicanalistas a compreender a íntima relação entre a estruturação subjetiva e o brincar constitutivo. Nesse sentido, o autismo torna evidente a complexidade do processo de tornar-se sujeito que o bebê atravessa.

Vimos que o estudo do brincar, além de levar à compreensão dos processos da constituição subjetiva, também oferece uma direção para o tratamento de crianças com autismo. Donald Winnicott (1975) já falava sobre essa direção de tratamento, quando assinalava que o trabalho do analista, diante de crianças que não brincavam, era o de desenvolver a capacidade para brincar. Contudo, no caso do autismo, a tarefa de desenvolver o brincar não se apresenta tão facilmente.

Neste livro pudemos recorrer à obra de autores posteriores a Winnicott, como Ricardo Rodulfo e Victor Guerra, que nos ajudaram a aprofundar o estudo do brincar constitutivo, com base em uma perspectiva mais complexa desse momento primitivo de estruturação. Esse conhecimento torna-se fundamental para o trabalho do analista empenhado no atendimento de crianças com autismo. Por outro lado, também pudemos nos apoiar em autores como Frances Tustin, Anne Alvarez, Marie-Christine Laznik, Alfredo Jerusalinsky, Luciana Pires, entre outros, que transmitiram suas experiências clínicas e reflexões teóricas a respeito do autismo e ofereceram importantes aportes teórico-clínicos que sustentam a práxis do terapeuta nesse difícil trabalho.

Assim, chegamos à conclusão de que a clínica psicanalítica do autismo exige que o analista se mantenha como companhia viva, atento às sutilezas e aos pequenos movimentos da criança, mesmo diante da indiferença e da dureza que caracterizam o contato com ela. Essa clínica também exige que o analista se ofereça como resistência *no* encontro analítico, procurando se fazer presente sem ser invasivo. Partindo dessas possibilidades de relação, o analista sintonizado afetivamente pode ocupar a função materna estruturante no encontro com a criança, ajudando-a a retomar seu processo de constituição subjetiva.

Apropriado desse lugar privilegiado no processo de estruturação psíquica, o analista cria com a criança um ritmo compartilhado por meio do qual se dá o encontro analítico. Assim, o analista pode intervir propondo desdobramentos e continuidades dos movimentos estereotipados da criança e estabelecer as condições necessárias para a criação do objeto tutor, trazendo a dimensão lúdica da fantasia, da narratividade e da musicalidade para o brincar compartilhado. Essas pequenas e insistentes intervenções levam o analista a testemunhar, de forma lenta e paciente, o nascimento de um sujeito por meio do brincar constitutivo.

Contudo, o processo de tornar-se sujeito nas crianças com autismo oscila entre movimentos de idas e vindas, assim como acontece com o bebê. Nesse sentido, é fundamental que o analista possa exercer a função materna de maneira constante e por longo período. Da mesma forma que o bebê necessita da presença da mãe por muitos anos, a criança com autismo também demanda um contínuo trabalho terapêutico.

Quando decidi realizar a pesquisa de mestrado que deu origem a este livro, desliguei-me da instituição em que trabalhava para poder dedicar mais tempo aos estudos. Algumas das crianças atendidas por mim não puderam dar continuidade ao tratamento com outros psicólogos da instituição, mas mantiveram as demais terapias (fonoaudiologia, terapia ocupacional, entre outras).[1] Posteriormente ao meu desligamento, tive notícias de que Gabriel,

---

1 A instituição passava por uma grande crise administrativa que afetava a organização dos atendimentos e, por isso, nem todas as crianças puderam ser enca-

paciente mencionado em uma das vinhetas, teve uma importante perda de suas conquistas subjetivas.

Relato esse acontecimento para ilustrar o fato de que crianças pequenas e com graves perturbações em sua constituição subjetiva – como era o caso das crianças mencionadas nos recortes clínicos – demandam um longo período de tratamento com profissionais que não buscam tratar uma ou outra função atrasada, mas que estão preocupados em cuidar do sujeito que pode fazer uso dessas funções. Não defendo que isso seja uma habilidade exclusiva dos psicólogos, pois sabemos que isso não está garantido nem mesmo na área da psicologia. Há fonoaudiólogos, terapeutas ocupacionais, musicoterapeutas, entre outros profissionais, que sustentam uma perspectiva de trabalho promotora do desenvolvimento subjetivo na criança, bem como há psicólogos que não se orientam por essa perspectiva.

Nunca vamos saber ao certo o que levou Gabriel a essas perdas subjetivas, ou mesmo se poderiam ser evitadas. A conclusão a que chegamos com base no que aconteceu com Gabriel é que o tratamento de crianças com autismo exige bastante tempo e dedicação da própria criança, dos pais e dos terapeutas envolvidos no atendimento.

Este livro pretendeu demonstrar algumas das possibilidades de desenvolvimento do brincar baseadas na vivacidade da clínica do autismo. Acreditamos que o encontro terapêutico por meio do brincar compartilhado entre terapeuta e criança pode favorecer algum movimento constitutivo no precário processo de estruturação psíquica presente nessas crianças.

---

minhadas para outros psicólogos que também atendiam lá. Essa crise acabou levando, posteriormente, ao fechamento da instituição.

Referências

ALVAREZ, A. **Companhia viva**: psicoterapia psicanalítica com crianças autistas, *borderline*, carentes e maltratadas. Porto Alegre: Artes Médicas, 1994.

BLEICHMAR, S. **Clínica psicanalítica e neogênese**. São Paulo: Annablume, 2005.

FERENCZI, S. Elasticidade da técnica psicanalítica. In: **Obras completas**: psicanálise. São Paulo: Martins Fontes, 1992, v. IV, p. 25-36.

FERRAZ, F. Uma visão winnicottiana da perversão: os caminhos da dissociação em Masud Khan. **Percurso**, São Paulo, ano XV, n. 29, p. 79-91 2º sem. 2002.

FREUD, S. Além do princípio do prazer. In: **Edição standard brasileira das obras psicológicas completas de Sigmund Freud**. Rio de Janeiro: Imago, 2006 [1920], v. 18, p. 13-75.

_____. Análise de uma fobia em um menino de cinco anos. In: _____. **Edição standard brasileira das obras psicológicas** completas de Sigmund Freud. Rio de Janeiro: Imago, 2006 [1909], v. 10, p. 13-133.

_____. Escritores criativos e devaneios. In: _____. Edição standard brasileira das obras psicológicas completas de Sigmund Freud. Rio de Janeiro: Imago, 2006 [1908], v. 9, p. 133-143.

_____. Fetichismo. In: _____. Edição standard brasileira das obras psicológicas completas de Sigmund Freud. Rio de Janeiro: Imago, 2006 [1927], v. 21, p. 151-160.

_____. A interpretação dos sonhos. In: _____. Edição standard brasileira das obras psicológicas completas de Sigmund Freud. Rio de Janeiro: Imago, 2006 [1900], v. 5, p. 371-650.

_____. A sexualidade na etiologia das neuroses. In: _____. Edição standard brasileira das obras psicológicas completas de Sigmund Freud. Rio de Janeiro: Imago, 2006 [1898], v. 3, p. 249-270.

_____. Três ensaios sobre a teoria da sexualidade. In: _____. Edição standard brasileira das obras psicológicas completas de Sigmund Freud. Rio de Janeiro: Imago, 2006 [1905], v. 7, p. 119-231.

GRAÑA, C. A aquisição da linguagem nas crianças surdas e suas peculiaridades no uso do objeto transicional: um estudo de caso. **Contemporânea: Psicanálise e Transdisciplinaridade**, Porto Alegre, n. 5, jan.-fev.-mar. 2008. Disponível em: <http://www.revistacontemporanea.org.br/revistacontemporaneaanterior/site/wp-content/artigos/artigo170.pdf>. Acesso em: 15 jan. 2018.

GUELLER, A. O jogo do jogo. In: GUELLER, A.; SOUZA, A. (Org.). **Psicanálise com crianças**: perspectivas teórico-clínicas. São Paulo: Casa do Psicólogo, 2008, p. 151-169.

GUERRA, V. Indicadores de intersubjetividad 0-12 m: del encuentro de miradas al placer de jugar juntos. [S.l.]: **Revista Psicanálise**, v. 16, n. 1, p. 209-235, 2014. Trabalho baseado no filme de mesmo nome.

_____. Palavra, ritmo e jogo: fios que dançam no processo de simbolização. **Revista de Psicanálise da SPPA**, Porto Alegre, v. 20, n. 3, p. 583, 2013.

_____. O ritmo na vida psíquica: entre perda e reencontro. In: ZORNIG, S. M. A.-J.; ARAGÃO, R. O. de (Org.). **Nascimento**: antes e depois, cuidados em rede. Curitiba: Honoris Causa, 2010a, p. 279-293.

_____. El ritmo y la ley materna en la subjetivación, y en la clínica *in*-fantil. **Revista Uruguaya de Psicoanálisis**, v. 120, p. 133--152, 2015.

_____. **Simbolización y objeto en la vida psíquica**: los objetos tutores. 2010b. Texto não publicado.

JERUSALINSKY, J. et al. **A metodologia psicanalítica no tratamento do autismo**. [S.l.]: Movimento Psicanálise, Autismo e Saúde Pública, 9 abr. 2013. Disponível em: <http://psicanalise autismoesaudepublica.wordpress.com/2013/04/09/a-metodo logia-psicanalitica-no-tratamento-do-autismo/>. Acesso em: 10 jan. 2018.

KUPERMANN, D. Resistência no encontro afetivo: sublimação e criação na experiência clínica. In: **Presença sensível**: cuidado e criação na clínica psicanalítica. Rio de Janeiro: Civilização Brasileira, 2008, p. 165-189.

LAZNIK, M.-C. Empatia emocional e autismo. In: **A hora e a vez do bebê**. São Paulo: Instituto Langage, 2013, p. 225-239.

_____. Do fracasso da instauração da imagem do corpo ao fracasso da instauração do circuito pulsional: quando a alienação faz falta. In: **A voz da sereia**: o autismo e os impasses na constituição do sujeito. Salvador: Álgama, 2004, p. 49-68.

_____. **Rumo à fala**: três crianças autistas em psicanálise. Trad. Procópio Abreu. Rio de Janeiro: Companhia do Freud, 2011.

MINERBO, M. Dissecando a função alfa: algumas contribuições de Roussillon à teoria da simbolização. In: CONGRESSO BRASILEIRO DE PSICANÁLISE, 25., 2015, São Paulo. **Anais...** São Paulo: FEBRAPSI, 2015.

PIRES, L. **Do silêncio ao eco**: autismo e clínica psicanalítica. São Paulo: Fapesp, 2007.

RODULFO, R. **O brincar e o significante**. Porto Alegre: Artes Médicas, 1990.

ROUSSILLON, R. **Paradojas y situaciones fronterizas en psicoanálisis**. Buenos Aires: Amorrortu, 1995.

SAFRA, G. **A face estética do self**: teoria e clínica. São Paulo: Unimarco, 1999.

SEGAL, H. Notas a respeito da formação de símbolos. In: _____. **A obra de Hanna Segal**. Rio de Janeiro: Imago, 1983, p. 77-98.

THEVARTHEN, C., HYBLEY, P. Secondary intersubjectivity: confidence, confiding and acts of meaning in the first year. In: Lock, A. (Ed.). **Action, Gesture and Symbol**: The emergence of language. London: Academic Press, 1978.

THEVARTHEN, C. [Fita]. **To the Infant Hero**. London: Squiggle Foundation, 1994.

TUSTIN, F. **Autismo e psicose infantil**. Rio de Janeiro: Imago, 1975.

_____. **Barreiras autistas em pacientes neuróticos.** Porto Alegre: Artes Médicas, 1990.

_____. **Estados autísticos em crianças.** Rio de Janeiro: Imago, 1984.

WINNICOTT, D. **O brincar e a realidade.** Rio de Janeiro: Imago, 1975.

_____. Desenvolvimento emocional primitivo. In: **Da pediatria à psicanálise.** Rio de Janeiro: Imago, 2000 [1945], p. 218-232.

_____. Distorções do ego em termos de falso e verdadeiro *self*. In: **O ambiente e os processos de maturação.** Porto Alegre: Artes Médicas, 1983 [1960], p. 128-139).

_____. Mirror-role of mother and family in child development. In: **Playing and Reality.** Londres: Routledge, 2005 [1967], p. 149-159.

_____. Objetos transicionais e fenômenos transicionais. In: **Da pediatria à psicanálise.** Rio de janeiro: Imago, 2000 [1951], p. 316-331.

_____. Observação de bebês numa situação padronizada. In: **Da pediatria à psicanálise.** Rio de Janeiro: Imago, 2000 [1941], p. 112-132.

_____. A preocupação materna primária. In: **Da pediatria à psicanálise.** Rio de janeiro: Imago, 2000 [1956], p. 399-405.

_____. O uso de um objeto e o relacionamento através de identificações. In: DAVIS, M.; SHEPHERD, R.; WINNICOTT. C. **Explorações psicanalíticas D. W. Winnicott.** Porto Alegre: Artmed, 1994 [1968], p. 171-177.

_____. **A criança e seu mundo.** Rio de Janeiro: Zahar, 1975 [1957].

Série Psicanálise Contemporânea

Adoecimentos psíquicos e estratégias de cura: matrizes e modelos em psicanálise, de Luís Claudio Figueiredo e Nelson Ernesto Coelho Junior

O brincar na clínica psicanalítica de crianças com autismo, de Talita Arruda Tavares

Do pensamento clínico ao paradigma contemporâneo: diálogos, de André Green e Fernando Urribarri

Fernando Pessoa e Freud: diálogos inquietantes, de Nelson da Silva Junior

Heranças invisíveis do abandono afetivo: um estudo psicanalítico sobre as dimensões da experiência traumática, de Daniel Schor

A indisponibilidade sexual da mulher como queixa conjugal: a psicanálise de casal, o sexual e o intersubjetivo, de Sonia Thorstensen

Nem sapo, nem princesa: terror e fascínio pelo feminino, de Cassandra Pereira França

Neurose e não neurose, de Marion Minerbo

Psicanálise e ciência: um debate necessário, de Paulo Beer

Psicossomática e teoria do corpo, de Christophe Dejours

Relações de objeto, de Decio Gurfinkel

O tempo e os medos: a parábola das estátuas pensantes, de Maria Silvia de Mesquita Bolguese

GRÁFICA PAYM
Tel. [11] 4392-3344
paym@graficapaym.com.br